教育部　财政部中等职业学校教师素质提高计划成果
会计专业师资培训包开发项目(LBZD057)

U0960851

会计专业教师教学能力标准、培训方案和培训质量评价指标体系

Kuaiji Zhuanye Jiaoshi Jiaoxue Nengli Biaozhun、Peixun Fang'an He Peixun Zhiliang Pingjia Zhibiao Tixi

教育部　财政部　组编
刘继伟　主编
王　觉　窦洪波　杨　洁　执行主编

中国财政经济出版社

图书在版编目（CIP）数据

会计专业教师教学能力标准、培训方案和培训质量评价指标体系/王觉，窦洪波，杨洁执行主编．—北京：中国财政经济出版社，2011.9

教育部、财政部中等职业学校教师素质提高计划成果．会计专业师资培训包开发项目．LBZD057

ISBN 978－7－5095－3067－2

Ⅰ．①会…　Ⅱ．①王…②窦…③杨…　Ⅲ．①会计学－中等专业学校－师资培训－教材　Ⅳ．①F230

中国版本图书馆 CIP 数据核字（2011）第 172551 号

责任编辑：陈　冰　　　　责任校对：胡永立

封面设计：陈　瑶　　　　版式设计：董生萍

内容提要

本书是教育部和财政部“中等职业学校教师素质提高计划”中“会计专业师资培训包开发项目（LBZD057）”的成果之一，汇编了教师教学能力标准、教师培训方案和教师培训质量评价指标体系三个项目成果。主要介绍了中等职业学校会计专业教师应具备的教育教学、专业知识及实践技能的能力标准，以教师教学能力标准为基础而制订的教师培训方案，以及从教师教学能力标准出发，围绕教师培训方案、培训条件、培训管理及培训效果等制订的教师培训质量评价指标体系。

本书可用于中等职业学校会计专业教师上岗层级、提高层级和骨干层级的培训指导用书，也可以作为各级会计专业教师培训的指导与参考用书。

中国财政经济出版社出版

URL：http：//www.cfeph.cn

E－mail：cfeph @ cfeph.cn

社址：北京市海淀区阜成路甲 28 号　邮政编码：100142

营销中心电话：88190406　北京财经书店电话：64033436　84041336

北京中兴印刷有限公司印刷　各地新华书店经销

787×1092 毫米　16 开　7 印张　162 000 字

2011 年 12 月第 1 版　2011 年 12 月北京第 1 次印刷

定价：17.00 元

ISBN 978－7－5095－3067－2/F・2600

（图书出现印装问题，本社负责调换）

质量投诉电话：88190744

教育部　财政部中等职业学校教师素质提高计划成果
系列丛书

会计专业师资培训包开发项目
(LBZD057)

项目牵头单位　东北财经大学
项 目 负 责 人　刘继伟

出版说明

根据2005年全国职业教育工作会议精神和《国务院关于大力发展职业教育的决定》（国发［2005］35号），教育部、财政部2006年12月印发了《关于实施中等职业学校教师素质提高计划的意见》（教职成［2006］13号），决定"十一五"期间中央财政投入5亿元用于实施中等职业学校师资队伍建设相关项目。其中，安排4 000万元，支持39个培训工作基础好、相关学科优势明显的全国重点建设职教师资培养培训基地牵头，联合有关高等学校、职业学校、行业企业，共同开发中等职业学校重点专业师资培训方案、课程和教材（以下简称"培训包项目"）。

经过四年多的努力，培训包项目取得了丰富成果。一是开发了中等职业学校70个专业的教师培训包，内容包括专业教师的教学能力标准、培训方案、专业核心课程教材、专业教学法教材和培训质量评价指标体系5方面成果。二是开发了中等职业学校校长资格培训、提高培训和高级研修3个校长培训包，内容包括校长岗位职责和能力标准、培训方案、培训教材、培训质量评价指标体系4方面成果。三是取得了7项职教师资公共基础研究成果，内容包括中等职业学校德育课教师、职业指导和心理健康教育教师培训方案、培训教材，教师培训项目体系、教师资格制度、教师培训教育类公共课程、职业教育教学法和现代教育技术、教师培训网站建设等课程教材、政策研究、制度设计和信息平台等。上述成果，共整理汇编出300多本正式出版物。

培训包项目的实施具有如下特点：一是系统设计框架。项目成果涵盖了从标准、方案到教材、评价的一整套内容，成果之间紧密衔接。同时，针对职教师资队伍建设的基础性问题，设计了专门的公共基础研究课题。二是坚持调研先行。项目承担单位进行了3 000多次调研，深度访谈2 000多次，发放问卷200多万份，调研范围覆盖了70多个行业和全国所有省（区、市），收集了大量翔实的一手数据和材料，为提高成果的科学性奠定了坚实基础。三是多方广泛参与。在39个项目牵头单位组织下，另有110多所国内外高等学校和科研机构、260多个行业企业、36个政府管理部门、277所职业院校参加了开发工作，参与研发人员2 100多人，形成了政府、学校、行业、企业和科研机构共同参与的研发模式。四是突出职教特色。项目成果打破学科体系，根据职业学校教学特点，结合产业发展实际，将行动导向、工作过程系统化、任务驱动等理念应用到项目开发中，体现了职教师资培训内容和方式方法的特殊性。五是研究实践并进。几年来，项目承担单位在职业学校进行了1 000多次成果试验。阶段性成果形成后，在中等职业学校专业骨干教师国家级培训、省级培训、企业实践等活动中先行试用，不断总结经验、修改完善，提高了项目成果的针对性、应用性。六是严格过程管理。两部成立了专家指导委员会和项目管理办公室，在项目实施过程中先后组织研讨、培训和推进会近30次，来自职业教育办学、研究和管理一线的数十位领导、专家和实践工作者对成果进行了严格把关，确保了项目开发的正确方向。

作为“十一五”期间教育部、财政部实施的中等职业学校教师素质提高计划的重要内容，培训包项目的实施及所取得的成果，对于进一步完善职业教育师资培养培训体系，推动职教师资培训工作的科学化、规范化具有基础性和开创性意义。这一系列成果，既是职教师资培养培训机构开展教师培训活动的专门教材，也是职业学校教师在职自学的重要读物，同时也将为各级职业教育管理部门加强和改进职教教师管理和培训工作提供有益借鉴。希望各级教育行政部门、职教师资培训机构和职业学校要充分利用好这些成果。

为了高质量完成项目开发任务，全体项目承担单位和项目开发人员付出了巨大努力，中等职业学校教师素质提高计划专家指导委员会、项目管理办公室及相关方面的专家和同志投入了大量心血，承担出版任务的11家出版社开展了富有成效的工作。在此，我们一并表示衷心的感谢！

编写委员会

2011年10月

目 录

会计专业教师教学能力标准

会计专业教师培训方案

会计专业教师培训质量评价体系

会计专业教师教学能力标准

子项目主持人：

刘继伟　东北财经大学职业技术学院院长、教授

项目组成员：

张桂春　辽宁师范大学教育学院院长、教授、博士生导师
杜怡萍　广东省广州市教育局中职研究所高级研究员
刘兴革　哈尔滨商业大学职业技术学院院长、副教授
刘春辉　东南大学财务与会计系讲师
刘　欣　黑龙江商务学校财经教研室主任
柴万吉　大连市财政局会计处处长、高级会计师
李　宜　北京万隆会计师事务所所长、注册会计师
邓庆祝　大连时代集团财务部经理、高级会计师
高红梅　辽宁教育研究院职业教育研究所高级研究员
徐　俊　湖北省武汉市财政学校副校长、高级讲师
求嫣红　浙江省绍兴市财税干部学校校长、高级会计师
陈文铭　东北财经大学会计学院教授、硕士生导师
赵合喜　东北财经大学实验中心主任、硕士生导师
窦洪波　东北财经大学职业技术学院会计教研室主任、硕士生导师
陈　岩　东北财经大学职业技术学院副教授
杨　洁　东北财经大学职业技术学院教授

执　　笔：

刘继伟　东北财经大学职业技术学院院长、教授
王　觉　东北财经大学职业技术学院副院长、教授
杜怡萍　广东省广州市教育局中职研究所高级研究员
窦洪波　东北财经大学职业技术学院会计教研室主任、硕士生导师
陈　岩　东北财经大学职业技术学院副教授
杨　洁　东北财经大学职业技术学院教授

会计专业教师教学能力标准

为建设一支适应中等职业学校教育发展需要的教师队伍，促进中等职业学校教育的持续健康发展，根据《教师法》、《职业教育法》、《教师资格条例》和《国务院关于大力发展职业教育的决定》中关于实施“职业院校教师素质提高计划”的有关精神，以及教育部有关加强中等职业学校教师队伍建设的意见，借鉴德国、澳大利亚、美国和英国等国家职业教育教师队伍建设的经验，结合全国中等职业学校教师队伍建设实际，特制定《会计专业教师教学能力标准》。

本标准在专业教师应具备的职业道德、教学规划能力、理论教学胜任能力、实践教学应用能力、教学创新能力的基础上，按照中等职业学校教师职业的特殊要求，确定了中等职业学校会计专业教师教学能力领域、单元、要素和表现指标。

本标准适用于中等职业学校，包括普通中专、职业中专、技工学校、成人教育、职教中心以及其他单位的会计专业教学人员、专业管理人员、专业技术支持人员等会计专业教学能力的培训与考核。

一、背景回顾

（一）专业教师教学能力标准研究与调研经过

本项目为教育部、财政部中等职业学校素质提高计划重点专业师资培训包开发项目70个重点项目之一，中央财政安排了专项资金，这对促进教师师资培养、培训工作的科学化、规范化，完善职教师资培训体系有着十分重要的意义。

本项目负责人由东北财经大学职业技术学院院长刘继伟教授担任，协同项目主持人辽宁师范大学教育学院副院长、教授、博士生导师张桂春，东北财经大学职业技术学院副院长王觉教授，湖北省武汉市财政学校副校长徐俊高级讲师，浙江省绍兴财税干部学校校长求嫣红高级会计师，以及会计项目组全体成员参与。

本成果是建立在东北财经大学全国重点建设职业教育师资培训基地所制定的《中职会计专业教师培训方案（试行）》基础上形成的。

本项目是培训包开发项目包含的五个子项目之一，其研究内容主要分成职业理论分析、政策制度分析与实证研究分析等三大部分。各部分内容采用的研究方法除文献分析以外，亦以问卷调查、异地调研、专家咨询和座谈、行为访谈、资料库分析、小组研讨等方式进行探究。职业理论分析系主要以对专业教师教学能力相关理论进行回顾，并重新探究行为理论、心理学理论、认知理论等，作为全方位设计中职会计专业教学能力标准的理论依据；政策制度分析系对各国专业教师教学能力进行跨国比较分析与研究，同时分析世界各主要国家，如德国、澳大利亚、加拿大、英国和美国等国的专业教师教学能力标准，并与我国的现行相关政策、制度作比较，作为建设我国中职会计专业教学能力标准的政策制度依据；实证研究分析是对国内资料库的量化资料进行统计分析，作为建设我国中职会计专业教学能力标的参考依据。

会计项目自 2008 年 3 月 10 日起，开始全面的调研工作。首先通过对相关行业所属企业的走访，了解中等职业学校会计专业毕业生的就业岗位群，初步了解企业对中等职业学校会计专业毕业生的专业能力要求，形成“中等职业学校会计专业毕业生专业能力要求调查问卷”、“会计人员岗位及岗位群调查问卷”、“中职会计专业教师能力素质调查问卷”、“会计专业毕业生从业岗位情况调研表”。其次，对会计专业所涉及的相关企业进行了更广泛的问卷调查，进一步总结会计专业岗位与岗位群对中等职业学校毕业生的专业能力要求。

我们分别在辽宁、黑龙江、浙江、湖北、河南、江苏、新疆、福建、山东等省市展开全面调研，主要走访了中等财经职业学校、中小企业、财政局、税务局、会计师事务所、会计行业协会等，共设计调查问卷 5 套，发放问卷 1 万多份，先后访谈了 42 家中、小企业，24 家会计师事务所，18 家乡镇企业。通过问卷调查、实地调研、专家咨询、行为访谈、专家座谈等方法了解该专业所涉及新增岗位及岗位群。会计工作是一个专门的职业，会计人员是一个人数众多的特殊专业群体（近年的统计数据表明，我国有在职会计人员 1200 万人），会计人员整体素质的高低直接影响到国民经济能否健康发展。为此，我们结合会计专业的特点，进一步了解中等职业学校会计专业不同层次教师的工作任务、工作环境和工作模式，在此基础上形成了《会计专业教师教学能力标准》的架构。

（二）专业教师教学能力标准建构历程

会计专业教师教学能力标准构建前后分成五个阶段：

（1）分析相关职业教育理论；

（2）确定设计理念；

（3）研究标准架构；

（4）构建标准内容；

（5）修订能力标准。

其构建历程如图 1 所示。

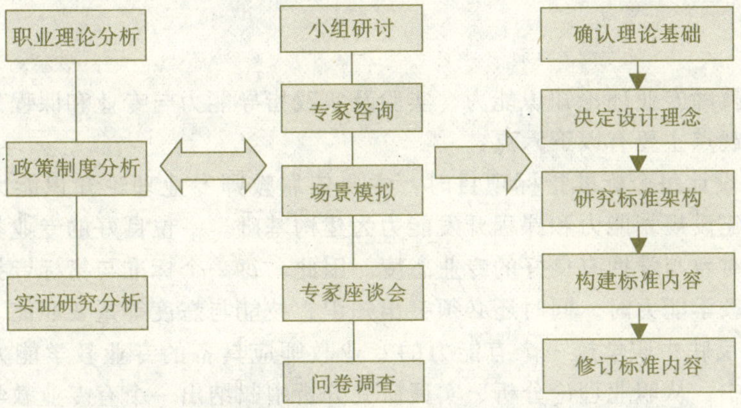

图 1　中等职业学校会计专业教学能力标准构建历程

（三）会计专业教师教学能力标准设计理念

1. 概念架构

本子项目主要应用于中等职业学校会计专业教师的专业教学能力的培训与考核。通过对会计专业教师教学能力的发展并通过职业理论分析、各国制度分析与实证研究分析等三种方法进行小组研讨、专家咨询与比较分析。

职业教育理论分析以七大学习理论（即行为理论、人本心理学理论、认知理论、建构论、大脑本为学习论、多元智能论、全方位设计的学习理论）以及教师专业教学能力发展理论作为本标准建构的基础；实证研究分析主要依据国内资料库资料进行统计分析以设计分析探讨教师专业教学能力；制度分析则归集多国教师专业教学能力方案与标准，了解各国情景脉络、法律基础与各国核心教学理念。在兼顾本国脉络与国际视野下，本标准融入知识、态度与技能三大面向教师教学能力，同时针对会计专业实践能力标准的内容，构建中等职业学校会计专业教师的教学能力标准体系。其概念架构如图 2 所示。

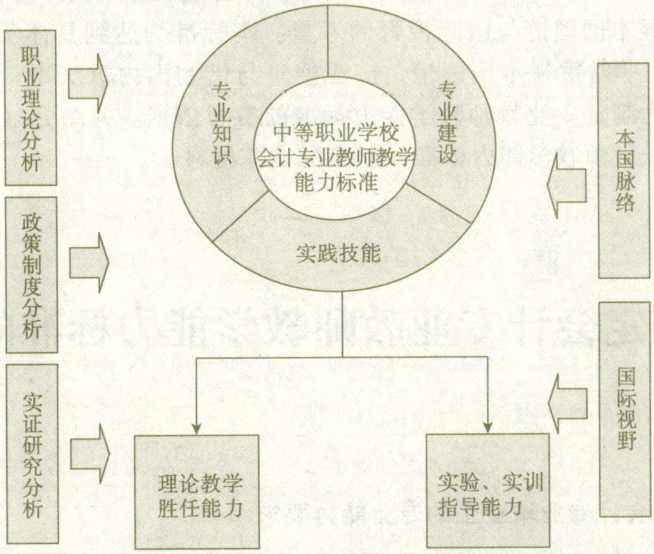

图 2　中等职业学校会计专业教师教学能力标准架构图

2. 基本观点

本标准涵盖教师专业理论知识能力、实验及实践指导能力与专业和课程建设规划能力。

本标准构建观点主要有以下六点：

（1）本标准设计每个标准指标项目时，主要依靠教师专业理论知识能力、实验及实训应用能力、专业建设规划能力和课程开发能力为建构基础。一位良好的专业教师体现这些标准的同时，必须对教与学拥有良好的专业态度。因此，每一个标准与指标皆指涉及任何一位专业教师在展现教学能力时，同时还必须突出知识、技能与态度等重要职能。

（2）本标准反映中职学校一个有能力的专业教师应具备的专业教学能力核心素养。本标准在构建过程中，从职业理论分析、实证研究分析中归纳出一个有专业教学能力的教师应具备的重要条件，同时探究有能力的专业教师应具备的专业核心素养。

（3）本标准基于职业理论分析、各国制度比较与实证研究分析三方面的研究基础。本标准也通过实地调研与访谈，分析过去我国教育行政部门与会计行业协会和我国会计人员统一资格考试委员会对岗位与资格要求的标准，发现这些标准的理论基础很薄弱。因此，在建构本标准时，分别从理论分析、制度比较与实证研究等方面建立研究基础，并从这些资料分析中得出专业教师应具备的相关能力。

（4）本标准重视会计专业教师的具体专业表现。本标准为教师会计专业教学能力评价标准，认为教师的专业能力是可以考评的，可以通过多元资料和标准的归集，分析一位会计专业教师的具体专业表现。反之，一位教师具体实际的专业教学能力的展现，也必须通过多元资料和标准的归集来评价教师的真实能力，并把此资料作为进修、提职和培训的依据，真正达到提升教师知识能力并作为促进教师专业发展的动力。

（5）本标准兼顾教与学。教学是每一位专业教师的基本职责，本标准强调教师在教学方面的表现，同时强调教学环境对学生学习的影响，故提出兼顾教与学的角度等看法。在一个实际的教学场合中，不了解学生的学习活动是不行的，教师的专业能力表现与成长，也是相当重要的核心。故本标准在设计各项能力指标时，十分重视兼顾教师教学与学生的学习。

（6）本标准兼顾本国国情与国际视野的考量。本标准为达到具体实用效能，除参考多国制度与标准外，也非常重视本国国情，广泛搜集与借鉴国内重庆市《中等职业学校专业教师能力标准》作为制定专业教师教学能力标准的参考依据。并结合《调研报告》展开实证分析，作为《专业教师教学能力标准》制定的支撑材料。

二、制定会计专业教师教学能力标准的步骤

（一）总结中职会计专业毕业生的专业能力要求

首先，通过对会计专业岗位与岗位群相关企业的走访，了解中等职业学校会计专业毕业

生的就业岗位与岗位群，从中等职业学校会计专业毕业生就业的企业规模看，主要集中于中小型企业；从企业从事的业务看，主要包括商品批发零售、服务性行业、制造业和街道、乡镇和村级单位会计；从企业的所有权性质看，主要集中于非国有企业。从中等职业学校会计专业毕业生的工作岗位看，手工会计环境下最主要的工作岗位是出纳、仓库保管员、制单、固定资产会计、存货会计、成本会计、薪酬会计、往来账项会计、销售会计、资金会计及报表会计等；从网络环境来看，主要是数据录入、数据保管和数据呈报。

通过对岗位与岗位群的职业能力分析，并初步了解企业对中等职业学校会计专业毕业生的专业能力基本要求，形成“中等职业学校会计专业毕业生专业能力要求调查问卷”、“会计人员岗位及岗位群调查问卷”、“会计专业毕业生从业岗位情况调查表”。

其次，对会计行业的相关企业进行了更广泛的问卷调查，进一步总结会计行业对中等职业学校毕业生的专业能力要求。为此，我们分别在九个省市展开全面调研，主要走访中等财经职业学校、中小企业、财政局、税务局、会计师事务所、会计行业协会等，共设计调查问卷5套，发放问卷1万多份。通过对会计专业的相关企业进行更广泛的问卷调查，进一步总结会计行业对中等职业学校毕业生的专业能力基本要求。中职会计专业毕业生的专业能力要求主要包括以下内容：

1. 沟通协调能力要求

中等职业学校会计专业毕业生主要在中小型企业从事出纳、收银员、纳税申报、企业登记和其他会计工作，与银行、顾客直接打交道，因而对毕业生的沟通协调能力要求较高。这种能力包括两个方面：一是对内的组织、协调、沟通能力；二是外部协调和沟通能力（如处理与工商、税务、金融等部门之间的关系）。此外，会计人员要确认、计量、记录、跟踪各方面的会计信息并提供会计资料，要与采购、生产、保管、销售等环节和部门的人员来往，要全面、系统、总括地了解企业的经营情况，要通过对经营活动的处理、分析和汇总，向决策层提供决策依据的生产经营数据资料。

2. 业务能力要求

（1）熟悉会计业务的基本流程（包括手工环境下的和网络环境下的）。

（2）熟悉现行的专业相关规范，如《企业会计准则》、《会计人员职权条例》、《财务通则》、《银行结算办法》和《会计基础工作规范》等。

（3）熟悉我国税制及税法的基本知识，掌握企业日常纳税申报、税务处理的方法。

（4）熟练掌握手工环境下的出纳、仓库保管员、制单、固定资产会计、存货会计、成本会计、薪酬会计、往来账项会计、销售会计、资金会计及报表会计等的业务技能。

（5）熟练掌握网络环境下的数据录入、数据保管和数据呈报等业务技能。

3. 电子信息技术能力要求

现代网络会计业务的不同岗位对毕业生的电子信息技术能力要求较高。一般而言，会计专业的毕业生除应能熟练地使用 Word、Excel 和 Access 等办公软件外，还应掌握主流会计核算应用软件（如用友、金蝶等）。此外，还要了解一般网络平台的操作方法，达到经过简单培训后能够熟练使用专业网络平台的水平。

4. 外语能力要求

(1) 听说能力。中等职业学校会计专业毕业生主要从事的是中小企业及街道、乡镇和村级单位预算的会计业务，很少与国外机构直接发生关系，因而对毕业生的外语口语和听力没有特别要求。

(2) 读写能力。中等职业学校会计专业毕业生主要从事的会计业务中使用的单据（即便是在与国内各相关部门之间的业务中）绝大多数是中文单据，极少有外文的单据，因而对毕业生的外语写作和阅读能力要求较低，相应地，对中职会计专业的外语水平要求也不高。

（二）分析中职不同层次教师的工作任务和工作环境

我们通过对大连商业学校、大连金融学校、辽宁省锦州财经学校、黑龙江商务学校、绍兴财政干部学校、武汉市财政学校、河南省会计学校、江苏鼓楼职业学校、新疆财经学校、山东济南第三职工中专等60多所中等职业学校的走访和召开座谈研讨会，了解了中等职业学校不同层次专业教师的工作任务，并结合会计专业的特点，进一步了解了中等职业学校会计专业不同层次即上岗教师、在职提高教师和骨干教师的工作任务、工作环境和工作模式以及所应该具备的专业教学能力，在此基础上形成了《会计专业教师教学能力标准》架构。通过调研我们发现，很难将中等职业学校会计专业的教师区分为“理论教学教师”和“实验/实训指导教师”两种类型，因为会计专业的理论教学与实验/实训指导密不可分、相互促进，绝大多数教师均同时承担理论教学和实验/实训指导任务。所有受访教师均有计算机使用条件，有集中的办公地点，绝大多数有多媒体授课环境。实验环境差异较大，绝大多数学校实现了上机实验，个别学校仍采用纸质单据实验。在实现上机实验的学校中，多数采用了实验教学软件，近年来使用网络实验平台的比重迅速提高；部分学校采用将纸质单据转化为Word或Excel形式的电子单据。绝大多数学校对不担任班主任和其他行政职务的教师不要求坐班；部分学校要求新任教师在助课期间坐班。各学校均要求教师按学校教学安排承担教学任务，按时参加学校、教研室（教学部）组织的各项活动。

（三）制定中职会计专业教师教学能力标准

首先，基于前两个环节的研究结果，我们通过召开专家座谈、研讨会，分析中等职业学校会计专业不同层次教师的专业教学能力，在此基础上形成“中等职业学校会计专业上岗教师教学能力标准调查问卷”、“中等职业学校会计专业在职提高教师教学能力标准调查问卷”、“中等职业学校会计专业骨干教师教学能力标准调查问卷”、“中职会计专业教师能力素质调查问卷”。其次，对开设会计专业的学校或讲授会计专业相关课程的教师发放问卷和访谈记录，并获得反馈结果。再次，基于问卷调查、行为访谈的结果，召开座谈会、研讨会，最后形成中等职业学校会计专业教师的教学能力标准。

三、中职会计专业教师专业教学能力标准成果

中等职业学校专业教师应能够完成会计专业实践、实验/实训能力标准中的内容要求，达到能够示范、指导学生完成专业实践、实验/实训的水平。同时针对会计专业实践、实验/实训能力标准的内容，达到中等职业学校专业教师示范、指导会计专业实践、实验/实训教学能力标准。

（一）会计专业教师指导、示范实践、实验/实训能力标准

模块一　企业会计核算模块

1. 收银员核算岗位

1.1 工作准备

1.1.1 环境准备

1.1.1.1 上岗

1.1.1.2 检查工作设备

1.1.2 物品准备

1.1.2.1 检查工作必需品

1.1.2.2 对换零用金

1.2 日常工作

1.2.1 为顾客服务

1.2.1.1 文明用语

1.2.1.2 检查商品

1.2.1.3 识别伪钞

1.2.1.4 使用信用卡

1.2.1.5 唱收唱付

1.2.2 收银登记工作

1.2.2.1 操作设备

1.2.2.2 填写收银报表

1.2.3 交接工作

1.2.3.1 两人当面点清余额，复核周转资金

1.2.3.2 清点发票、收据

1.3 其他工作

1.3.1 推广会员卡

1.3.2 协助店长完成门店工作目标

2. 出纳员核算岗位

2.1 现金出纳

2.1.1 收取现金

2.1.1.1 审核收据或发票

2.1.1.2 签字并加盖财务结算章

2.1.1.3 编制收取现金记账凭证

2.1.1.4 登记现金日记账

2.1.2 支付现金

2.1.2.1 审核票据

2.1.2.2 签字并加盖财务结算章

2.1.2.3 编制支付现金记账凭证

2.1.2.4 登记现金日记账

2.1.3 现金存取及保管

2.1.3.1 开具现金支票提取现金

2.1.3.2 填写现金交款单交存银行

2.1.3.3 核对账面与库存现金是否相符

2.1.3.4 鉴别现金真伪

2.1.3.5 保管财物印鉴

2.2 银行出纳

2.2.1 办理银行转账结算

2.2.1.1 办理支票业务

2.2.1.2 办理银行汇票业务

2.2.1.3 办理银行本票业务

2.2.1.4 办理商业汇票业务

2.2.1.5 办理委托收款业务

2.2.1.6 办理托收承付业务

2.2.1.7 办理汇兑业务

2.2.1.8 办理信用卡业务

2.2.2 会计核算处理

2.2.2.1 填制、审核原始凭证

2.2.2.2 编制记账凭证

2.2.2.3 登记银行存款日记账

2.2.3 参与对账

2.2.3.1 参与确认核对银行存款日记账与银行对账单的核对结果

2.2.3.2 参与确认编制银行存款余额调节表的编制结果

2.2.4 参与货币资金的盘点

2.2.5 其他工作

2.2.5.1 建立票据使用登记簿

2.2.5.2 保管有关印章、空白收据和空白支票

3. 往来款项核算岗位

3.1 核算与管理往来账

3.1.1 往来账核算

3.1.1.1 核算应收及预付款项

3.1.1.2 核算应付及预收款项

3.1.2 往来账管理

3.1.2.1 考核与分析客户信用

3.1.2.2 撰写并发送对账函

3.1.2.3 清查往来账

3.2 会计处理

3.2.1 日常会计处理

3.2.1.1 填制、审核原始凭证

3.2.1.2 编制记账凭证

3.2.1.3 登记往来明细账

3.2.2 期末会计处理

3.2.2.1 结账

3.2.2.2 对账

4. 存货管理岗位

4.1 核算与管理存货

4.1.1 核算存货

4.1.1.1 购入存货的确认与计量

4.1.1.2 领用存货的确认与计量

4.1.1.3 销售存货的确认与计量

4.1.1.4 委托加工存货的确认与计量

4.1.2 管理存货

4.1.2.1 制定存货管理办法

4.1.2.2 制定存货收发存保管制度

4.1.2.3 预测存货需要量

4.1.2.4 确定最佳经济的货量

4.1.2.5 清查存货

4.1.2.6 存货减值测试

4.2 会计处理

4.2.1 日常会计处理

4.2.1.1 填制、审核原始凭证

4.2.1.2 编制记账凭证

4.2.1.3 登记存货明细账

4.2.2 期末会计处理
4.2.2.1 结账
4.2.2.2 对账

5. 投资理财管理岗位
5.1 外部投资核算
5.1.1 制定投资管理办法
5.1.2 核算交易性金融资产
5.1.3 核算可供出售金融资产
5.1.4 核算持有至到期投资
5.1.5 核算长期股权投资
5.1.6 计量投资方案现金流量
5.1.7 评价投资方案
5.2 内部投资管理
5.2.1 固定资产更新投资
5.2.2 固定资产改造投资
5.3 筹资核算
5.3.1 管理与核算资本金
5.3.1.1 制定资金管理与核算办法
5.3.1.2 预测资金需要量
5.3.1.3 进行资金筹集决策
5.3.1.4 核算资本金
5.3.2 管理与核算负债
5.3.2.1 确定合理负债
5.3.2.2 核算借款
5.3.2.3 发行债券
5.4 流动资产管理
5.4.1 现金管理
5.4.1.1 合理现金库存量管理
5.4.1.2 现金流量管理
5.4.2 非现金流动资产管理
5.4.2.1 应收账款管理
5.4.2.2 管理存货
5.4.2.2.1 制定存货管理办法
5.4.2.2.2 制定存货收发存保管制度
5.4.2.2.3 预测存货需要量
5.4.2.2.4 确定最佳经济订货量
5.4.2.2.5 清查存货
5.4.2.2.6 存货减值测试

6. 固定资产核算岗位

6.1 管理与核算固定资产

6.1.1 核算固定资产

6.1.1.1 购入固定资产

6.1.1.2 在用固定资产

6.1.1.3 建造固定资产

6.1.2 管理固定资产

6.1.2.1 制定固定资产管理办法

6.1.2.2 清查固定资产

6.1.2.3 减值测试

6.2 会计处理

6.2.1 日常会计处理

6.2.1.1 填制、审核原始凭证

6.2.1.2 编制记账凭证

6.2.1.3 登记固定资产明细账

6.2.2 期末会计处理

6.2.2.1 结账

6.2.2.2 对账

7. 薪酬核算岗位

7.1 管理与核算薪酬

7.1.1 管理薪酬

7.1.1.1 解释工资政策和法规

7.1.1.2 制定薪酬管理办法

7.1.1.3 审核与发放薪酬

7.1.2 核算薪酬

7.1.2.1 计算工资

7.1.2.2 编制薪酬结算明细表

7.1.2.3 编制薪酬结算汇总表

7.1.2.4 计提职工福利费

7.1.2.5 计提工会经费、职工教育经费

7.1.2.6 计提五险一金

7.1.2.7 处理代扣款项

7.2 会计处理

7.2.1 日常会计处理

7.2.1.1 填制、审核原始凭证

7.2.1.2 编制记账凭证

7.2.1.3 登记薪酬明细账

7.2.2 期末会计处理

7.2.2.1 结账

7.2.2.2 对账

8. 成本核算岗位

8.1 管理与核算成本

8.1.1 编制成本费用预算

8.1.1.1 预测目标成本

8.1.1.2 制定各种定额

8.1.1.3 编制预算

8.1.2 产品成本核算

8.1.2.1 选择成本计算方法

8.1.2.2 开设成本明细账

8.1.2.3 归集费用

8.1.2.4 分配费用

8.1.2.5 计算完工产品与在产品、半成品成本

8.1.2.6 清查盘完工产品与在产品、半成品数量

8.1.3 编制成本费用报表

8.1.3.1 编制制造费用明细表

8.1.3.2 编制期间费用明细表

8.1.3.3 编制主要产品单位成本表和商品产品成本表

8.1.4 管理成本

8.1.4.1 制定费用开支标准

8.1.4.2 计算成本差异

8.1.4.3 分析成本差异

8.1.4.4 制定改善成本差异的办法

8.2 会计处理

8.2.1 日常会计处理

8.2.1.1 填制、审核原始凭证

8.2.1.2 编制记账凭证

8.2.1.3 登记成本明细账

8.2.2 期末会计处理

8.2.2.1 结账

8.2.2.2 对账

9. 收入核算岗位

9.1 管理与核算收入、利润

9.1.1 管理收入、利润

9.1.1.1 预测目标利润

9.1.1.2 制定产品价格

9.1.1.3 预测产品销售量

9.1.1.4 预测产品销售收入

9.1.2 核算收入、利润

9.1.2.1 审核销售单据

9.1.2.2 确认销售收入

9.1.2.3 计算销售成本

9.1.2.4 计算销售税金

9.1.2.5 归集期间费用

9.1.2.6 核算营业外收支

9.1.2.7 计算利润

9.1.2.8 分配利润

9.2 会计处理

9.2.1 日常会计处理

9.2.1.1 填制、审核原始凭证

9.2.1.2 编制记账凭证

9.2.1.3 登记销售明细账

9.2.2 期末会计处理

9.2.2.1 结账

9.2.2.2 对账

10. 税费核算岗位

10.1 日常业务

10.1.1 税务登记

10.1.1.1 开业税务登记

10.1.1.2 一般纳税人申请

10.1.1.3 变更登记、停业登记

10.1.2 税款计算、申报

10.1.2.1 电子申报

10.1.2.2 免抵退计算、申报

10.1.2.3 个人所得税计算、申报

10.1.2.4 地方税收纳税计算、申报

10.1.2.5 企业所得税计算、申报

10.1.3 税款缴纳

10.1.3.1 开具税款缴款书

10.1.3.2 送缴款书至开户银行

10.1.3.3 银行转账

10.1.4 发票管理

10.1.4.1 旧发票核销

10.1.4.2 新发票审批、购买

10.1.5 税务年审

10.1.5.1 填制一般纳税人资格年检表

10.1.5.2 企业所得税年终汇算清缴审核

10.1.6 退免税工作

10.1.6.1 办理出口退税

10.1.6.2 办理免税申请

10.2 会计处理

10.2.1 日常会计处理

10.2.1.1 填制、审核原始凭证

10.2.1.2 编制记账凭证

10.2.1.3 登记税费明细账

10.2.2 期末会计处理

10.2.2.1 结账

10.2.2.2 对账

11. 总账报表核算岗位

11.1 登记总账

11.1.1 建账

11.1.2 登账

11.1.3 结账

11.1.4 对账

11.2 编制财务报表

11.2.1 编制资产负债表

11.2.1.1 填列报表项目

11.2.1.2 计算报表项目

11.2.2 编制利润表

11.2.2.1 填列报表项目

11.2.2.2 计算报表项目

11.2.3 编制现金流量表

11.2.3.1 填列报表项目

11.2.3.2 计算报表项目

12. 稽核员核算岗位

12.1 复核

12.1.1 复核原始凭证

12.1.1.1 检查原始凭证

12.1.1.2 提出存在问题

12.1.1.3 督促更正

12.1.2 复核记账凭证

12.1.2.1 检查会计科目

12.1.2.2 检查经济业务合理性、合法性

12.1.2.3 检查手续

12.1.3 复核账簿

12.1.4 复核财务报表

12.2 内部审计

12.2.1 编制内部审计计划

12.2.2 运用内部审计程序

12.2.3 运用内部审计方法

12.2.4 编写内部审计工作稿

12.2.5 收集内部审计证据

12.2.6 编写内部审计报告

12.2.7 提出内部审计处理意见

12.2.8 作出内部审计结论

13. 档案员管理岗位

13.1 整理会计档案

13.2 装订会计档案

13.3 保管会计档案

14. 财务网络管理岗位

14.1 解释财务网络管理办法

14.2 进行初始化操作

14.3 协调财务系统日常运行

14.4 备份财务数据

14.5 管理服务器

14.6 与软件开发公司沟通

模块二　企业规划管理模块

1. 企业总体规划岗位

1.1 工作准备

1.1.1 环境准备

1.1.1.1 搜集信息资料

1.1.1.2 设计会议讨论议题

1.2 召开会议

1.2.1 会议准备

1.2.1.1 选择开会人员

1.2.1.2 布置会场

1.2.1.2 会议通知

1.2.2 开会

1.2.2.1 布置讨论议题

1.2.2.2 组合讨论

1.2.2.3 写会议总结

1.2.3 召开会后会

1.2.3.1 组织专家讨论

1.2.3.2 形成一致意见

1.2.4 上报董事会讨论

2. 企业理财岗位

2.1 企业现金管理

2.1.1 企业现金跟踪管理

2.1.1.1 协同出纳员与银行沟通

2.1.1.2 与规划人员沟通融资需求

2.1.1.3 制订现金需要量计划

2.1.1.4 选定融资方法

3. 预算岗位

3.1 市场分析岗位

3.1.1 市场调查

3.1.1.1 选定调查方法

3.1.1.2 与规划人员沟通

3.2 预算岗位

3.2.1 原材料需求预算

3.2.1.1 销售量预算

3.2.1.2 价格预算

3.2.2 工资预算

3.2.2.1 职工需要量预算

3.2.2.2 单位职工工资预算

3.2.3 费用预算

3.3.3.1 制造费用预算

3.3.3.2 期间费用预算

3.3.3.3 税费预算

3.2.4 利润预算

3.2.4.1 主营业务利润预算

3.2.4.2 其他业务利润预算

3.2.4.3 净利润预算

3.3 编制现金需求量预算

模块三　企业鉴证咨询模块

1. 审计业务

1.1 会计报表审计业务

1.1.1 计划阶段

1.1.1.1. 评价重要性

1.1.1.2 评估审计风险

1.1.1.3 制订具体审计计划

1.1.2 实施阶段

1.1.2.1 风险评估阶段

1.1.2.2 控制测试阶段

1.1.2.3 实质性程序

1.1.3 报告阶段

1.1.3.1 项目组座谈应出具何种类型审计报告

1.1.3.2 与被审计单位管理当局沟通

1.1.3.3 出具审计报告

1.2 会计报表审阅业务

1.2.1 审阅计划

1.2.1.1 了解被审计单位情况

1.2.1.2 制订审阅计划

1.2.2 确定审阅程序

1.2.2.1 询问

1.2.2.2 实施分析程序

1.1.2.3 阅读财务报表

1.1.2.4 出具审阅报告

1.3 其他鉴证业务

1.3.1 预测性财务信息的审核

1.3.1.1 了解被审核算单位的情况

1.3.1.2 确定审核程序

1.3.1.3 出具审核报告

1.3.2 内部控制审核

1.3.2.1 制订审核计划

1.3.2.2 确定审核程序

1.3.2.3 出具审核报告

1.3.3 基建工程预算、结算、决算审核

1.3.3.1 制订审核计划

1.3.3.2 确定审核程序

1.3.3.3 出具审核报告

2. 代理记账业务

2.1 签订代理记账协议

2.1.1 定期取回原始凭证

2.1.1.1 审核原始凭证

2.1.1.2 汇总原始凭证

2.2 填制记账凭证

2.3 登记账簿

2.3.1 登记日记账

2.3.2 登记明细账

2.3.3 登记总账

2.4 编制会计报表

2.4.1 编制资产负债表

2.4.2 编制利润表

2.5 填制纳税申报表并申报

2.6 其他事项

2.6.1 财税政策传递

2.6.2 日常电话答疑

3. 税务代理

3.1 税务登记代理

3.1.1 开业代理

3.1.1.1 开业税务代理相关规定

3.1.1.2 要求被代理人提供办理税务登记的证件、资料

3.1.1.3 审核相关证件、资料

3.1.1.4 递交到税务局窗口办理

3.1.2 变更代理

3.1.2.1 变更税务登记的范围和时间要求

3.1.2.2 要求被代理人提供相关资料（同上）

3.1.2.3 审核相关证件、资料

3.1.2.4 递交到税务窗口办理

3.1.3 注销代理

3.1.3.1 告知注销税务登记的时间要求

3.1.3.2 要求被代理人提供相关资料（同上）

3.1.3.3 审核相关证件、资料

3.1.3.4 递交到税务窗口办理

3.2 领购发票代理

3.2.1 一般纳税人领购增值税发票代理

3.2.1.1 提出购票申请

3.2.1.2 提供经办人身份证明、税务登记证及财务印章、发票专用章等资料

3.2.1.3 税务局审核后发给发票领购簿

3.2.1.4 凭发票领购簿核准的种类、数量以及购票方式领取发票

3.2.2 小规模纳税人领购普通发票代理

3.2.2.1 提出购票申请

3.2.2.2 提供经办人身份证明、税务登记证及财务印章、发票专用章等资料

3.2.2.3 税务局审核后发给发票领购簿

3.2.2.4 凭发票领购簿核准的种类、数量以及购票方式领取发票

3.3 纳税申报代理

3.3.1 网上纳税申报代理

3.3.1.1 与税务局签订网上报税协议

3.3.1.2 要求纳税人提供纳税资料

3.3.1.3 进入税务局报税网站

3.3.1.4 根据收入、进项、销项等资料计算应纳税额，填制纳税申报表及附表

3.3.1.5 点击扣税

3.3.2 手工纳税申报

3.3.2.1 要求纳税人提供纳税资料

3.3.2.2 根据收入、进项、销项等资料计算应纳税额，填制纳税申报表及附表

3.3.2.3 盖上纳税人财务印章

3.3.2.4 报送税务主管机关征收处扣缴税款

4. 验资业务

4.1 开业验资

4.1.1 内资企业验资

4.1.1.1 货币验资

4.1.1.2 实物验资

4.1.1.3 无形资产验资

4.1.2 外资企业验资

4.1.2.1 签订验资业务约定书

4.1.2.2 提供验资所需资料

4.1.2.3 验证货币金额及实物资产评估报告

4.1.2.4 出具验资报告

4.1.3 事业单位验资

4.1.3.1 签订验资业务约定书

4.1.3.2 提供验资所需资料

4.1.3.3 出具验资报告

4.2 增资验资

4.2.1 内资企业增资验资

4.2.1.1 到银行开股东个人账户按出资比例把钱打入个人账户

4.2.1.2 开验资账户

4.2.1.3 资金由个人账户进入验资账户再进入公司基本账户

4.2.1.4 会计事务所出验资报告，银行出具出账单凭证

4.2.2 外资企业增资验资

4.2.2.1 取得外经委同意增资批复

4.2.2.2 到财政指定银行开立验资账户

4.2.1.3 资金从验资账户进入公司基本账户

4.2.1.4 会计事务所出验资报告，银行出具出账单凭证

4.3 减资验资

4.3.1 内资企业减资验资

4.3.1.1 将股东决议通知债权人

4.3.1.2 编制资产负债表及财产清单

4.3.1.3 对减资后的注册资本验资

4.3.1.4 修改公司章程

4.3.1.5 办理实收资本减资

4.3.2 外资企业减资验资

4.3.2.1 股东会作出减资决议

4.3.2.2 申请外经委同意减资的批复

4.3.2.3 编制资产负债表及财产清单

4.3.2.4 对减资后的注册资本验资

4.3.2.5 修改公司章程

4.3.2.6 办理实收资本减资

5. 工商代理

5.1 公司设立代理

5.1.1 内资企业设立代理

5.1.1.1 工商窗口登记核名

5.1.1.2 出具办理相关审批手续及验资证明

5.1.1.3 办理营业执照

5.1.1.4 公安部门刻制印章并备案

5.1.1.5 质检窗口办理《组织机构代码证书》

5.1.1.6 到银行开立基本账户

5.1.1.7 到税务局办理税务登记

5.1.2 外资企业设立代理

5.1.2.1 工商窗口登记核名

5.1.2.2 办理批准证书

5.1.2.3 出具办理相关审批手续及验资证明，办理营业执照

5.1.2.4 公安部门刻制印章并备案

5.1.2.5 质检窗口办理《组织机构代码证书》

5.1.2.6 到外汇管理局登记并办理企业账户
5.1.2.7 到税务局办理税务登记
5.1.2.8 财政窗口办理外资财政登记
5.2 一般纳税人资格认证代理
5.2.1 向税务机构提交“增值税一般纳税人申请表”及相关资料
5.2.2 到税务局填写“增值税一般纳税人认定审批表”
5.2.3 交税务窗口审核
5.2.4 退回纳税人相关资料
5.3 报关代理
5.3.1 出口货物报关
5.3.1.1 签订委托协议书
5.3.1.2 寄送货物装船通知及提单
5.3.1.3 送交有关单证
5.3.1.4 发出到货通知
5.3.1.5 通知接货
5.3.2 进口货物代理
5.3.2.1 签订委托协议书
5.3.2.2 接收海关相关传票
5.3.2.3 办理出关手续及退税证明
5.3.2.4 通知提货
5.4 公司变更事务代理
5.4.1 变更法人
5.4.2 变更股东
5.4.3 变更地址
5.4.4 变更经营范围
5.4.5 变更企业名称
5.4.6 变更注册资本

6. 咨询服务业务

6.1 企业管理咨询服务
6.1.1 人力资本管理咨询服务
6.1.2 信息化管理咨询服务
6.1.3 内部控制咨询服务
6.1.4 战略及运营咨询服务
6.2 企业风险管理咨询服务
6.2.1 会计与控制风险咨询服务
6.2.2 合同及履约风险咨询服务
6.2.3 业务持续性风险咨询服务
6.2.4 税务筹划风险咨询服务

6.3 财务及税务咨询服务

6.3.1 财务政策咨询服务

6.3.2 税务方案咨询服务

6.3.3 新法规咨询服务

（二）会计专业教师教学能力标准

1. 课程方案的修订

1.1 进行市场调研

1.1.1 职业面向调研

1.1.1.1 确定主要就业岗位

1.1.1.2 确定次要就业岗位

1.1.2 人才需求调研

1.1.2.1 会计人才市场供求状况调研

1.1.2.2 会计人才规格需求调研

1.2 实施职业分析

1.2.1 准备阶段

1.2.1.1 界定研究范围

1.2.1.2 企业结构和规模调查

1.2.1.3 选择企业

1.2.2 实施阶段

1.2.2.1 企业调查

1.2.2.2 会计职业岗位选择

1.2.2.3 会计职业分析

1.2.3 结果分析阶段

1.2.3.1 职业内容结构分析

1.2.3.2 职业要求知识和技能结构分析

1.3 确定课程目标

1.3.1 确定课程目标结构

1.3.2 描述具体课程目标

1.3.2.1 确定会计专业人才基本素质

1.3.2.2 确定会计专业人才通用能力

1.3.2.3 确定会计专业人才专业能力

1.4 确定课程内容

1.4.1 确定内容筛选方式

1.4.2 筛选具体课程内容

1.4.2.1 会计专业人才基本素质分析

1.4.2.2 会计专业人才通用能力分析

1.4.2.3 会计专业人才专业能力分析

1.5 组织课程内容

1.5.1 确定课程纵向结构
1.5.1.1 确定职业基础教育课程板块
1.5.1.2 确定职业专业教育课程板块
1.5.1.3 确定职业专长教育课程板块
1.5.2 确定课程横向结构
1.5.3 确定课程纵横结构
1.5.4 形成具体课程方案

2. 制订授课计划

2.1 解读培养方案
2.1.1 明确专业培养目标
2.1.1.1 明确职业道德目标
2.1.1.2 明确职业能力目标
2.2 解读教学大纲
2.2.1 明确本门课程地位和作用
2.2.1.1 分析课程的先后衔接关系
2.2.1.2 明确课程应该发挥的作用
2.2.2 明确本门课程的教学目标
2.2.2.1 明确知识目标
2.2.2.2 明确能力目标
2.2.3 分析课程内容的重点难点
2.3 解读职业资格标准
2.3.1 分析职业资格标准的知识要求
2.3.2.1 确定会计核算知识要求
2.3.2.2 确定财务管理知识要求
2.3.2.3 确定审计咨询知识要求
2.3.2 分析职业资格标准的能力要求
2.3.2.1 分析沟通协调能力要求
2.3.2.2 分析业务能力要求
2.3.2.3 分析电子信息技术能力要求
2.3.2.4 分析外语能力要求
2.4 确定教学形式和方法
2.4.1 明确教学方法和手段
2.4.1.1 项目教学法的应用
2.4.1.2 引导课文教学法的应用
2.4.1.3 引贴版法的应用
2.4.1.4 计算机辅助教学法的应用
2.4.2 确定教学的组织形式
2.5 分析教材

2.5.1 教材目标分析
2.5.1.1 把握教材的教学目标
2.5.1.2 分析与大纲要求差距
2.5.2 教材内容分析
2.5.2.1 思想性分析
2.5.2.2 科学性分析
2.5.2.3 时代性分析
2.5.3 教材作用分析
2.5.3.1 思想品德培养
2.5.3.2 人类经验传承
2.5.3.3 学习动机发展
2.6 确定教学进度
2.6.1 课程教学难点分析
2.6.2 课程教学进度安排

3. 设计教案

3.1 明确教学目标
3.1.1 明确知识目标
3.1.1.1 明确陈述性知识目标
3.1.1.2 明确程序性知识目标
3.1.2 明确技能目标
3.1.2.1 明确心智技能目标
3.1.2.2 明确操作技能目标
3.1.3 明确态度目标
3.2 分析职业活动特点
3.2.1 分析过程导向职业活动特点
3.2.2 分析情景导向职业活动特点
3.2.3 分析效果导向职业活动特点
3.3 分析学习者
3.3.1 分析学生学习动机
3.3.1.1 分析内因性学习动机
3.3.1.2 分析外因性学习动机
3.3.2 分析学生学习态度与兴趣
3.3.3 分析学生学习能力
3.4 确定重点、难点
3.5 确定学习载体（任务/项目）
3.5.1 分析教学内容特点
3.5.2 分析学生特点
3.5.3 分析教学条件

3.5.4 确定教学载体

3.6 设计教学场景

3.6.1 设计理论教学场景

3.6.2 设计实践教学场景

3.7 确定教学策略

3.7.1 根据教学对象确定教学策略

3.7.2 根据教学目标确定教学策略

3.7.3 根据教学内容确定教学策略

3.8 教学评价设计

3.8.1 学业评价

3.8.2 教学评价

4. 教学准备

4.1 准备教学资源

4.1.1 准备理论教学资源

4.1.2 准备实践教学资源

4.2 准备教辅材料

4.3 布置教学情景

4.3.1 布置理论教学情景

4.3.2 布置实践教学情景

5. 实施教学

5.1 导入新课

5.1.1 课程内容回顾

5.1.2 明确学习目标

5.2 情景导入

5.2.1 创设情境

5.2.2 激发兴趣

5.3 布置学习任务

5.3.1 案例（任务）描述

5.3.2 案例（任务）分析

5.3.3 提出问题

5.3.4 组织教学

5.3.4.1 课堂教学

5.3.4.2 个别学习

5.3.4.3 小组学习

5.3.4.4 现场教学

5.4 课堂答疑

5.5 维持教学秩序

5.5.1 分析事件性质
5.5.2 选择处理事件的方式、方法
5.5.3 正确处理问题
5.6 指导学生自评、互评
5.6.1 引导学生自评，建构自主课堂
5.6.2 引导学生互评，建构互动课堂
5.6.3 引导学生发展自主学习的能力
5.7 小结作业
5.8 课后反思
5.8.1 反思教学目标
5.8.2 反思教学过程
5.8.3 反思教学方法
5.8.4 反思教学效果

6. 教学评价

6.1 确定评价内容
6.1.1 教学准备
6.1.2 教学内容
6.1.3 教学方法（手段）
6.1.4 教学态度
6.1.5 教学效果
6.2 确定评价标准
6.2.1 教学设计
6.2.1.1 教学目标的确定
6.2.1.2 教学内容的设计
6.2.1.3 教学情境的设计
6.2.1.4 教学技术的应用
6.2.2 教师的教学状态
6.2.2.1 教学思想
6.2.2.2 教学策略
6.2.2.3 教学基本功
6.2.2.4 教学艺术风格
6.2.3 学生的学习状态
6.2.3.1 参与状态
6.2.3.2 学习方式
6.2.3.3 情感体现
6.3 选择评价方式、方法
6.3.1 多元化评价方案设计
6.3.2 定量和定性评价方案设计

7.1.5.3 自我查找教学中的不足
7.2 说课
7.2.1 说教学目标
7.2.2 说教材
7.2.3 说教法和学法
7.2.4 说教学过程
7.2.5 说板书设计
7.3 评课
7.3.1 评教学基本功
7.3.2 评教学目标
7.3.3 评教学内容
7.3.4 评教学策略
7.3.4.1 评是否符合中职学生的学习特点
7.3.4.2 评是否符合职业能力形成的过程
7.3.5 评教学效果
7.4 指导参赛
7.4.1 明确各种竞赛的特点和要求
7.4.2 选拔学生
7.4.3 确定竞赛的辅导计划
7.4.4 指导学生做赛前训练
7.4.5 指导参加比赛
7.4.6 组织竞赛
7.5 主持精品课程建设
7.5.1 制订精品课程建设规划
7.5.1.1 明确课程建设的目标与思路
7.5.1.2 明确课程建设的内容与特色
7.5.1.3 制订课程建设的进度
7.5.2 明确精品课程建设标准
7.5.3 精品课程教学团队的组织
7.5.3.1 确定课程建设负责人
7.5.3.2 确定主讲教师
7.5.3.3 明确教学团队学历年龄结构优势
7.5.3.4 明确教学团队教学优势
7.5.3.5 明确教学团队科研优势
7.5.3.6 明确教学团队获奖情况
7.5.4 精品课程教材建设
7.5.4.1 制订精品课程教材建设规划
7.5.4.2 确定教材特色和编写提纲
7.5.4.3 确定教材编写团队和个人分工

7.5.4.4 完成教材编写和出版
7.5.5 精品课程网络资源的规划与建设
7.6 组织实习实训
7.6.1 制定实习实训目标
7.6.2 选择实习实训方式
7.6.2.1 校内实训
7.6.2.2 顶岗实习
7.6.3 编写实习实训任务指导书
7.6.4 组织学生实习实训
7.7 指导青年教师
7.7.1 制订青年教师指导计划
7.7.2 指导青年教师进行常规教学
7.7.3 指导青年教师参加教学比赛
7.7.4 指导青年教师进行教学研究
7.7.5 指导青年教师进行教学评价

8. 教学研究

8.1 提出教研课题、立项
8.1.1 制订教学研究计划
8.1.2 确定教研课题的选题
8.1.3 完成课题申报
8.2 组织开展教研活动
8.1.1 制订教研活动计划，明确教研活动的目的
8.1.2 选择教研活动内容
8.1.2.1 研究教学大纲与教材
8.1.2.2 研究教学方法
8.1.2.3 研究学生的学习
8.1.2.4 研究专业发展与课程变化
8.1.2.5 研究行业现状
8.1.3 选择教研活动形式
8.1.3.1 示范课
8.1.3.2 说课与评课
8.1.3.3 请专家做报告
8.1.3.4 到企业或其他学校参观学习
8.1.4 完成教研活动总结
8.3 撰写研究报告
8.3.1 明确研究目的
8.3.2 确定研究内容与研究方法
8.3.3 撰写研究报告提纲

8.3.4 完成研究报告

8.4 应用研究成果

8.5 撰写论文

8.5.1 确定论文选题

8.5.2 拟订论文提纲

8.5.3 撰写初稿

8.5.4 修改论文

8.5.5 评价论文

9. 教学改革

9.1 现状调研与评价

9.1.1 分析行业需求

9.1.2 分析与评价课程设置

9.1.3 分析与评价教师能力

9.1.4 分析与评价教材

9.1.5 分析与评价教学效果

9.2 提出教改方案

9.2.1 提出课程设置改革方案

9.2.2 提出教师能力提高方案

9.2.3 提出教材改革方案

9.2.4 提出教学效果提高方案

9.3 组织实施教改方案

9.3.1 解读教改方案

9.3.2 确定实施步骤

9.3.3 组织实施教改

9.4 评价教改效果

9.4.1 确定评价标准

9.4.2 进行评价分析

参考文献

1. 邓泽民、赵沛：《职业教育教学设计》，中国铁道出版社2006年版。

2. 邓泽民、王宽：《现代四大职教模式》，中国铁道出版社2006年版。

3. 邓泽民、陈庆合：《职业教育课程设计》，中国铁道出版社2006年版。

4. 邓泽民、侯金柱：《职业教育教材设计》，中国铁道出版社2006年版。

5. James D.Klein，J. Michael Spector，Barbara Grabowski，Heana de laTeja. 顾小清译：《教师能力标准》，华东师范大学出版社，2007年版。

6. 王小静、匡红云："主要发达国家高职师资培养方式述评"，《职业教育研究》，2008年第3期。

7. 姜大源："职业教育：课程与教材辨"，《中国职业技术教育》，2008年第19期。

8. 丘雪红："ERP沙盘模拟在会计教学中的应用"，《中国职业技术教育》，2008年第19期。

9. 史枫："高职院校教师综合能力评价：基点与设计"，《中国职业技术教育》，2008年第16期。

10. 杜林："抓三大特性，塑应用型人才培养特色"，《中国高等教育》，2008年第10期。

11. 宋永华、解启健："顺应改革，重构高校创新人才培养体系"，《中国高等教育》，2008年第9期。

12. 雷裕祯："试析高职院校青年教师培养途径的选择"，《职业教育研究》，2008年第3期。

13. 施旭东、李异民："培养高职院校'双师'素质的途径"，《职业教育研究》，2008年第3期。

14. 魏红："校企共建职业能力标准的探索与实践"，《教育与职业》，2008年第6期。

15. 王联翔："工学结合培养模式若干问题的思考"，《教育与职业》，2008年第6期。

16. 康艳、赵利军："应用型大学'双师型'教师培养问题研究"，《教育与职业》，2008年第6期。

17. 门达明："案例教学教师要具备的三种能力"，《教育与职业》，2008年第6期。

18. 王利福："论教师教学与人才培养质量的提高"，《教育与职业》，2008年第6期。

19. 重庆市中等职业学校专业教师能力标准。

20. 谢一风："浅议学习型教师团队的建设"，《中国高等教育》，2008年第12期。

21. 张琦英、沈美媛："浅析我国高职教育的质量评价体系"，《职业教育研究》，2008年第3期。

22. 秦国萍："上海市中等职业教育发展的困境与对策"，《职业教育研究》，2008 年第 3 期。

23. 周如俊："德国行动导向教学模式及对我国中职校教学启示"，《世界职业技术教育》，2008 年第 3 期。

24. 刘育锋："世界职业教育发展五大态势"，《世界职业技术教育》，2008 年第 3 期。

25. 叶如田："教师专业发展自主性刍议"，《中国职业技术教育》，2008 年第 6 期。

26. 顾文明："谈'双师型'教师的培养途径和措施"，《中国职业技术教育》，2008 年第 6 期。

27. 何文明："中等职业学校教学工作现状、问题与对策——基于湖南省株洲市的调查"，《中国职业技术教育》，2008 年第 7 期。

28. 张翠英："加强实训师资队伍建设，解决实训教学中的关键问题"，《中国职业技术教育》，2008 年第 9 期。

29. 姜大源："职业教育的教学方法论"，《中国职业技术教育》，2007 年第 25 期。

30. 董爱国、郝文武："商洛市中等职业学校 10 年间师资发展状况分析"，《中国职业技术教育》，2008 年第 5 期。

31. 陈振源："厦门市组织职业学校教师深入企业加强实践能力的探索"，《中国职业技术教育》，2008 年第 5 期。

32. 蒋华、钟桃英："职业学校教师专业发展途径研究综述"，《职业教育研究》，2008 年第 2 期。

33. 曹晔："我国职业教育'双师型'师资的内涵及发展趋势"，《职业技术教育》，2008 年第 2 期。

34. 李拉："教师职业测评初探"，《中国职业技术教育》，2007 年第 23 期。

35. 滕勇："陕西中职师资结构分析"，《中国职业技术教育》，2007 年第 23 期。

36. 李梦卿、雷礼金、陈钢、罗家英："湖北省中等专业学校师资抽样调查及对策研究"，《中国职业技术教育》，2007 年第 23 期。

会计专业教师培训方案

子项目主持人：

窦洪波　东北财经大学职业技术学院会计教研室主任、副教授

项目组成员：

张桂春　辽宁师范大学教育学院院长、教授、博士生导师
高红梅　辽宁教育研究院职业教育研究所高级研究员
杜怡萍　广东省广州市教育局中职研究所高级研究员
刘兴革　哈尔滨商业大学职业技术学院院长、副教授
张　辉　大连重工集团审计部部长、高级会计师
腾国胜　大连交通运输集团财务部经理、高级会计师
李高峰　黑龙江省财政厅会计处处长、高级会计师
赵合喜　东北财经大学实验教学中心副主任、副教授
姜　洁　东北财经大学职业技术学院副教授、资产评估师
王焕娣　北京市商业学校高级讲师
刘　欣　黑龙江商务学校教研室主任、高级讲师
邱社军　陕西省商业学校商贸主任、高级讲师
马忠明　东北财经大学研究生院

执　　笔：

窦洪波　东北财经大学职业技术学院会计教研室主任、副教授
姜　洁　东北财经大学职业技术学院副教授、资产评估师
张艳英　东北财经大学职业技术学院副教授
刘　欣　黑龙江商务学校教研室主任、高级讲师
王焕娣　北京市商业学校全国中职教学名师、高级讲师
邱社军　陕西省商业学校商贸主任、高级讲师
马忠明　东北财经大学研究生院

前　言

为进一步贯彻落实《国务院关于大力发展职业教育的决定》中关于实施“职业院校教师素质提高计划”的精神，提高中等职业学校教师素质，积极、稳妥地推进我国中等职业教育人才培养模式改革，规范各中等职业学校课程改革与课程开发工作，促进职教专业教师培训工作的科学化、规范化，完善职教专业师资培养体系，特制定《中等职业学校会计专业师资培训方案》(以下简称《培训方案》)。

《培训方案》是在辽宁师范大学职业教育与成人教育学院院长、博士生导师张桂春教授的指导下，在广东省广州市教育局中职教研室调研员杜怡萍女士的大力帮助下，通过回顾总结2001—2009年以来我国各中等职业学校课程改革的经验，参考借鉴国内外职业教育先进国家及地区的成功职教模式，依据当前我国中等职业教育财经商贸专业发展状况、人才需求、职业分析及中职会计师资培训总体现状调研资料，经过筛选、归类、加工、整理、分析后，对全国中职院校各专业原有课程体系的改革进行以岗位群为基础的教学资源整合，为新专业课程的开发和专业师资培训机制提出一套工作思路和基本成果。制定的《培训方案》将成为国家级或省级培训基地开展专业教师培训工作的依据和行动指导，同时也是具体承担课程改革方案制订及新课程开发任务的上岗教师、提高教师和骨干教师开展工作的业务指导手册。

《培训方案》的内容分两大部分：

第一部分，主要是关于《培训方案》总体框架体系和方案制定的说明，包括《培训方案》设计开发依据、技术路线与方法、目标、适用对象说明等描述；《培训方案》设计的基本理念、基本原则、基本模式、基本方法以及需要说明的其他相关问题。

第二部分，主要是关于《培训方案》标准的说明，包括上岗层次教师专业培训方案、提高层次教师专业培训方案、骨干层次教师专业培训方案以及需要说明的其他相关问题。

职业教育新型师资培训课程体系的建立与相应的专业培训方案标准的开发是我国目前“中等职业教育深化人才培养模式改革”和“中等职业学校教师素质提高计划”的核心任务，是推动专业教学课程改革和提升专业教学质量的重要举措。其实质是以就业为导向，重新构建具有中国特色的职业教育模块式培训课程体系，实现职业教育课程模式和培养模式的根本性转变。因此其涉及面广、专业性强、技术要求高，是一项具有挑战性的工作。目前《培训方案》尚未试用，制定后仍需在课程改革的实践过程中不断修订和优化完善。

第一部分

关于总体框架体系和方案制定说明

会计专业教师培训方案的总体设计，是基于前期对会计实际岗位工作流程的调研分析，在中职会计专业教师总体状况调研的基础上，以教育部、财政部重点课题“中职会计专业师资培训包开发项目”（LBZD057）为有力支撑，以制定的中职会计专业教师教学能力标准和实践能力标准为依据，在借鉴国际中等职业财经学校会计专业教师培训课程设置和最新会计专业技术手段的基础上，形成的一套完整的培训目标明确、培训内容适用、培训方法得当，上岗、提高和骨干三个层次的会计专业教师的培训方案。制定《培训方案》的目的是为全国中职培训基地的会计专业教师进行全面地专业培训，提供一个系统的、规范的、有针对性的，以及便于实际操作的具体培训工作文本，用以指导和帮助会计专业教师培训工作，提升本专业中职教师培训的总体水平，为中职教育提供优质的专业教师人力资源供给。

第一部分是关于培训方案总体框架体系和方案制定说明。包括的主要内容有：

- 专业教师培训方案开发依据
- 专业教师培训方案技术路线与方法
- 专业教师培训方案设计目标
- 专业教师培训方案设计基本模式
- 专业教师培训方案适用对象说明
- 专业教师培训方案需要说明其他相关问题

一、专业教师培训方案开发依据

中等职业学校教师素质提高计划的主要任务是在未来5~10年，通过各种方式、各个层级的中职教师培训，来提高中职教师的整体素质，优化教师队伍结构，提升职业教育教学水平。培训方案的设计是教师素质提高计划最重要的方面，因为培训内容的确定和培训方法的选择直接关系到培训效果和提高计划的实现。科学的培训方案的制定必须建立在客观的规律基础上。我们在制定“会计专业中职教师培训方案”过程中，通过对会计专业中职教师的问卷调查和对中职会计岗位的实际考察，深入了解了本专业职业教育的现态，充分掌握了本专业中职教师学历层次、专业背景、年龄结构、职称构成具体状况，详细分析了中职会计职业群中各岗位的具体工作流程，并以此作为培训方案开发的主要依据。

（一）专业人才需求和专业改革调研

专业人才需求与专业改革调研是专业培训方案开发的一项基础性工作。调研要紧紧依靠行业、学校、企业、培训基地等，其内容包括相应行业的人才结构现状、专业发展趋势、人才需求状况、岗位对知识能力的要求、相应的职业资格、师资队伍总体水平以及学生就业去向等，从宏观上把握行业、企业的人才需求与职业学校的培养现状，在此基础上，确定专业教学改革思路、培养目标及专门化方向，以及师资队伍整体素质基本要求。

为此，我们先后对辽宁省大连商业学校、大连金融学校、沈阳财经学校、锦州财经学校、黑龙江商务学校、浙江绍兴财政干部学校、山东济南第三职业中专、山东临沂市财政学校、南京鼓楼职业中专、广州财政学校、新疆财经学校、武汉财政学校、黄冈财经学校、河南省财政厅、河南会计学校、郑州财税学校、开封财政局、洛阳财会学校、南京鼓楼中等职业学校、福建龙岩财经学校、湖南衡阳财经工业学校、山东临沂财政学校、济南第三职业中专、广西梧州财经学校等近 30 多所中职学校展开实地调研。

我们对大量的调研数据加工整理分析后得出的结论是：财经类专业是中等职业教育兴办得最早、规模较大的专业类别。在新一轮课程改革之际，我们必须清晰地认识该专业类别的规模、构成及其发展趋势，以及课程改革对专业师资队伍整体专业素质提高的要求，为中职会计专业课程改革和专业师资培训提供重要的依据。

1. 中职财经类专业的规模分析

根据各省市 2001—2006 年来近 25 万名学生的统计资料分析得出，财经类占中等职业学校总体规模比重如图 1－1 所示，平均占总体规模的 28%，是全国 13 个专业类别中规模最大的专业类别，有着非常大的发展潜力。

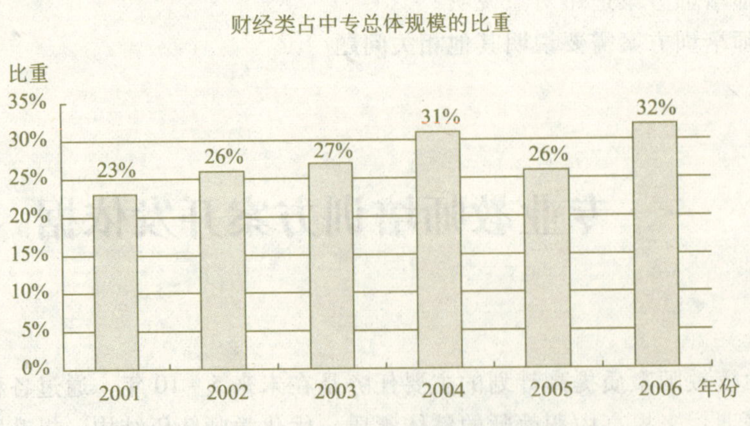

图 1－1　中职财经类专业的规模分析

2. 中职财经类专业的结构分析

（1）专业构成。如图 1－2 所示，只有 12 个专业，其中，财经类专业 5 个，商贸类专业 7 个。财经类专业结构如图 1－3 所示，主要集中在财会和金融两个专业。商贸类专业如图 1－4所示，主要集中在电子商务、商务外语、国际商务三个专业。

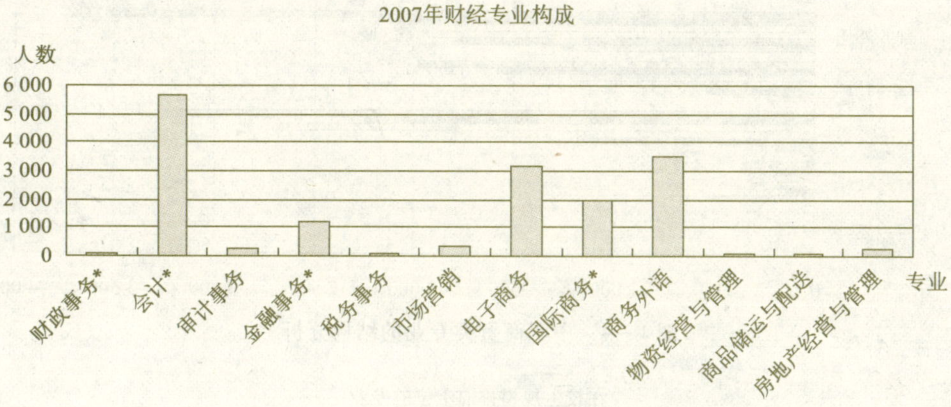

图 1－2　中职财经类专业的结构分析

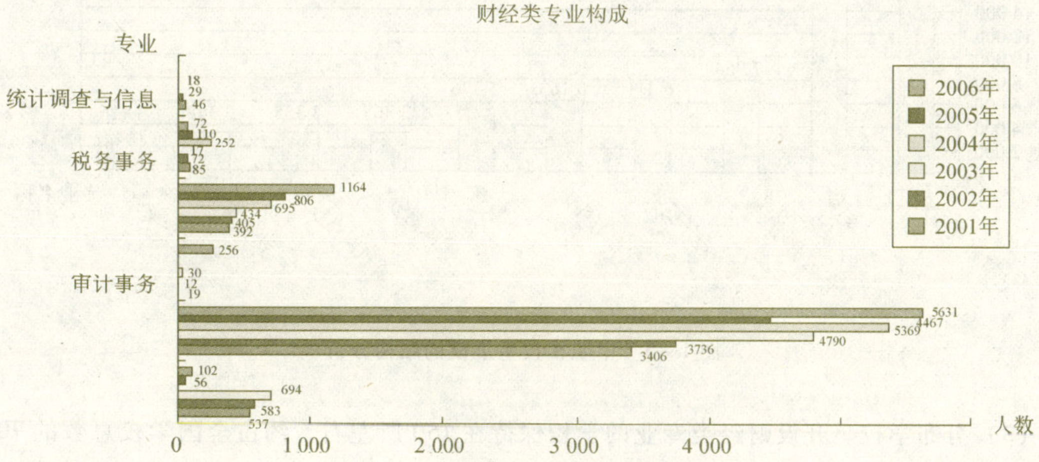

图 1－3　中职财经类专业的结构分析

（2）结构特征。从总体上看，职业教育专业分散，专业规模差距很大。全国开设的专业多达一百多个，分布分散，所以一般专业规模较小。例如，只有 7 800 人规模的加工制造类分布在 23 个专业中，其 2005 年平均每个专业不足 400 人。根据对全国专业结构分析，按全国 85 个专业计算，每个专业平均在校生（3 年）人数为 1 411 人，超过这平均规模的只有 22 个专业，而这 22 个专业的规模占总规模的 79%，由此可以推测其他 63 个专业所占比重仅有 21%，其专业数虽多，但规模却非常小。

财经类的结构特征则与总体相反，其专业数相对较少，且较集中。2006 年平均每个专业规模近 1 500 人。全国在校生规模排列前 10 位的专业中财经类的专业占 4 个，如图 1－5 所示。

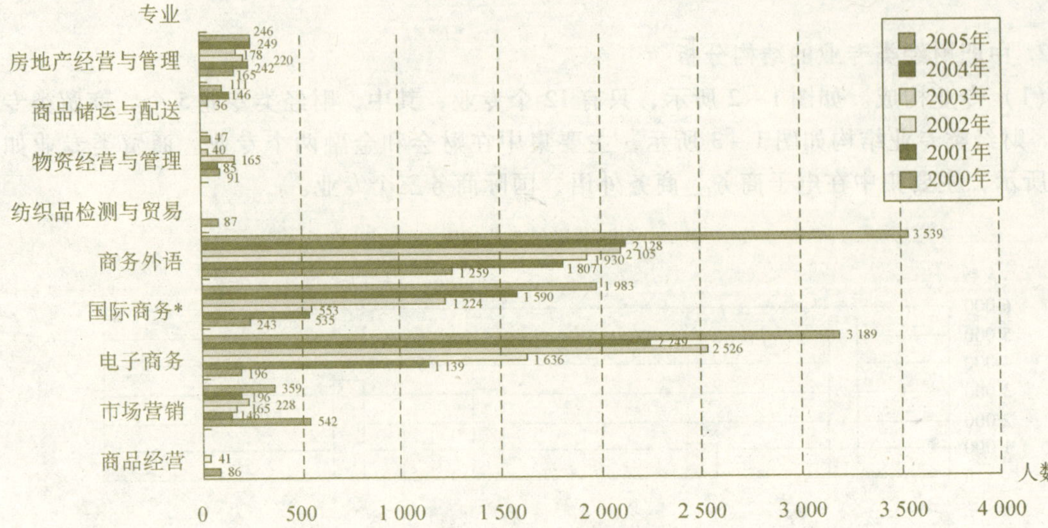

图 1－4　中职商贸类专业的结构分析

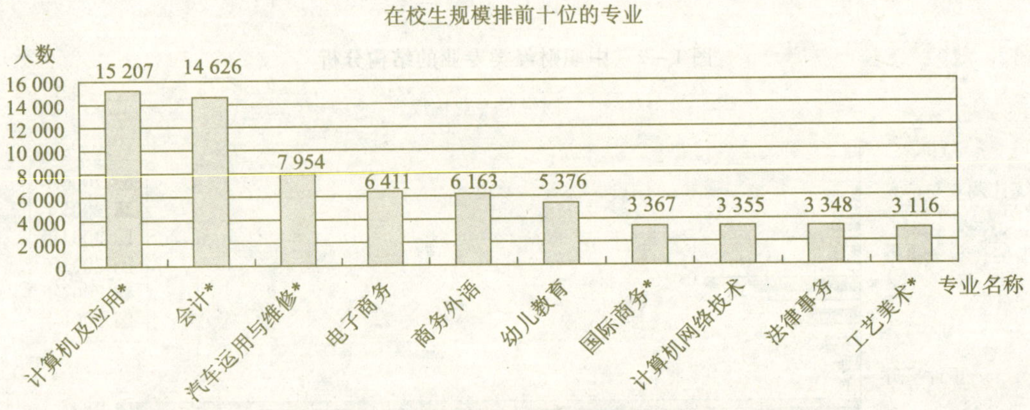

图 1－5　中职在校生规模的结构分析

（3）分布学校。开设财经类专业的学校保持在 150 所左右，约占全国学校总数的 70%。这些学校的规模差异很大，有的学校规模达 4 000 人，而有的学校规模只有 1 000 人左右。2006 年招收超百人的财经类专业学校只有 16 所。由此可见，财经类专业学校多，学生很分散。

3. 中职财经类专业发展趋势分析

财经类专业平均每年增长幅度为 19%，而全国中职规模增长幅度为 11%。由此可见，财经类专业发展增长势头和发展速度高于总体发展速度。

图 1－6 是财经类和全国中职总体规模环比增长比例变化图。财经类除 2004 年小幅调整外，每年都保持高于总体增长速度的水平增长，2005 年表现为显著增长，增长速度达 40%。图 1－7 是财经类专业发展趋势图，从中可见财经类专业总体发展趋势。

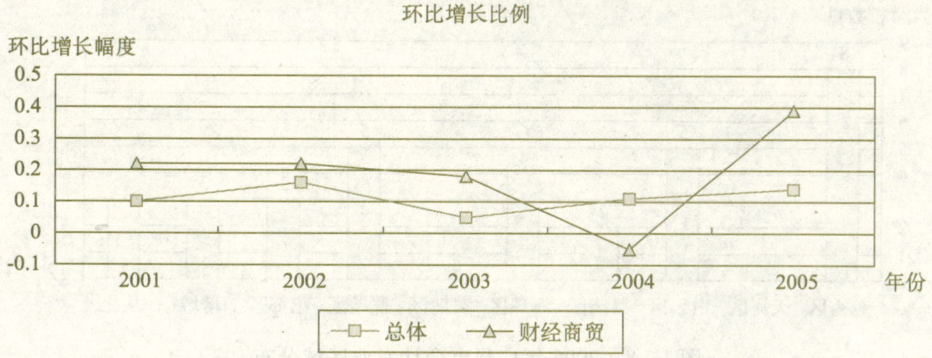

图 1－6 财经商贸类和全国中职总体规模环比增长比例变化图

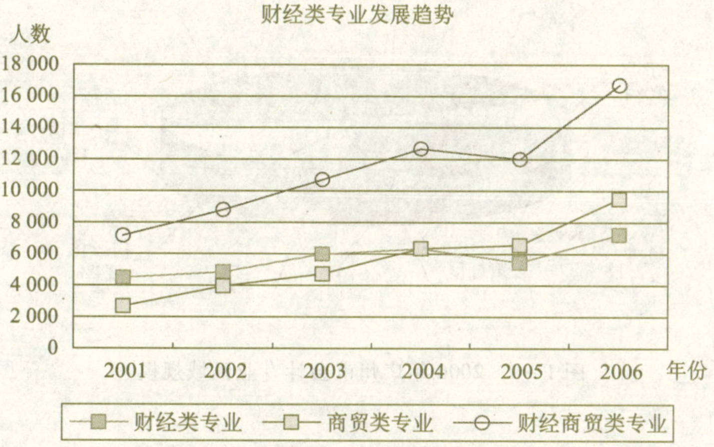

图 1－7 财经类专业的发展趋势图

综上所述，我们看到财经类会计专业是中等职业教育较大的专业类别之一。从发展趋势看，今后仍将保持较大的规模。因此，这一类专业的发展及其课程研究、教学改革及专业师资培训工作在中等职业教育教学工作中占有十分重要的位置；并且，财经类专业较为集中，课程改革容易突出重点，为整体专业培训改革带来了便利。

4. 专业发展中的问题及启示

（1）加强区域性专业设置宏观调控，提高职业教育资源的利用率。目前，职业学校专业设置自由度很大，什么专业好听开什么，什么专业热开什么，同一个区域内的专业设置缺乏调控，造成专业设置不合理乃至失调，加剧了职业学校之间的竞争，致使已经不多的职业教育资源被浪费。财经类的老牌大专业——会计专业区域分布调查以广东省广州市调查为例，从图 1－8、图 1－9 中可见，第一，老城区学校数量多，而新城区学校数量少；第二，尽管有的区域学校数量也不少，如海珠区，但规模只占 5%；第三，平均每校招生规模不足 160 人，有的学校招生人数仅有 29 人。会计专业重复设置严重，产生不了规模效应。

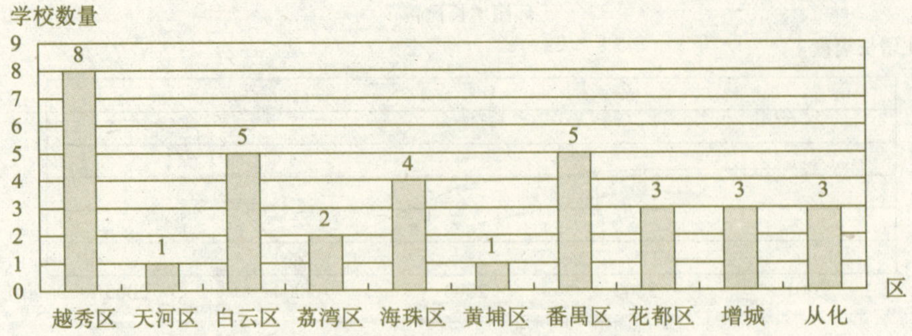

图 1－8　2006 年广州市会计专业区域分布

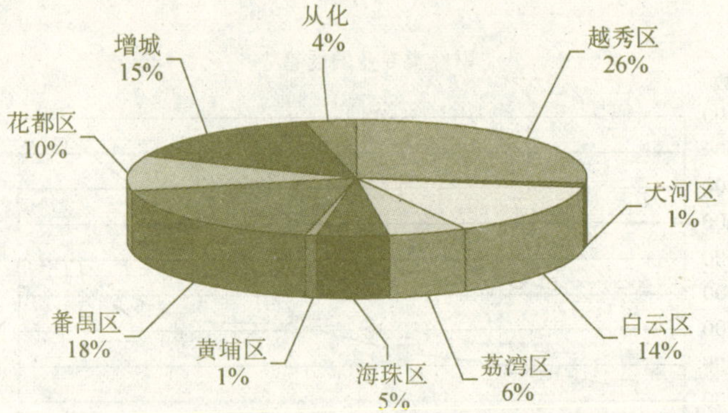

图 1－9　2006 年广州市会计专业区域规模

我们曾在一份考察德国黑森洲的资料看到，该州有 16 所职业学校，但这些职业学校由不同的职业和专业来区分。而我国的中等职业学校不仅要承受“普高热”的社会压力，还要承受同类学校间争夺生源的压力。因此，专业布局宏观调控必须加大力度，避免不必要竞争中的资源浪费，从而提高本来就很少的中等职业教育资源的利用率。

（2）适应职业的变化发展，重新修订国家的专业目录。按教育部 2000 年颁布的专业目录来看，财经类有 8 个专业，商贸类有 10 个专业，而从图 1－3、图 1－4 中可以看出，审计事务、财政事务、统计调查与信息、税务事务、商品经营与配送、物资经营与管理、纺织品检测与贸易、商品经营等专业招生规模逐步减少，甚至消亡。一些新兴的专业，如物流专业，没有在专业目录中。目前只是将物流专业放在电子商务以及其他商贸专业中。由此可见，有必要重新修订国家的专业目录，提高专业目录的指导性。

此外，财经类中的不同专业所从事的职业活动很相似，有同质化的现象。根据调查我们发现，会计和金融这两个同属于财经类的专业就业岗位很相似，而且每个岗位就业比率较为接近，多在文员、会计、推销和储蓄等岗位上。尽管影响职业活动的同质化因素有很多，但中等职业教育专业划分过细是其中不可忽视的因素。因此，适度粗化专业有利于课程建设。

由此可见，国家专业目录修订势在必行。修订时，除考虑新旧专业的调整之外，还应考虑专业的合理划分。

（3）协调师资稳定性与专业动态性的矛盾，加大对专业师资队伍的培训。在财经类专业中，传统的专业是会计。目前，其规模占财经类专业的80%多，占全国中职总体规模的11%多。毋庸置疑，这是一个老牌的大专业。从图1－6中可见，商贸类专业规模2000—2003年都低于财经类专业规模，但2005年商贸类专业发展势头强劲，且以新兴专业为主。专业是动态发展的，师资配备是专业发展的重要保证条件。

就我们在全国不同省份调研财经类专业师资队伍的年龄结构、职称构成和学历结构、学历背景结构来看，如图1－10至图1－12所示，以31～40岁、中级职称的教师为主体。而这些教师主要来自于适应20世纪90年代会计专业教学的教师群体，他们有很丰富教学与管理经验。但随着我国经济体制不断变化，财经法规及政策的出台以及信息技术的快速发展，迫切需要掌握新知识、新技术、新方法和新工艺，只有这样才能保证会计专业与新兴专业发展对专业师资队伍的需要，才能完全地适应社会对中职会计专业人才的需求，满足其对应的岗位及岗位群的需要。

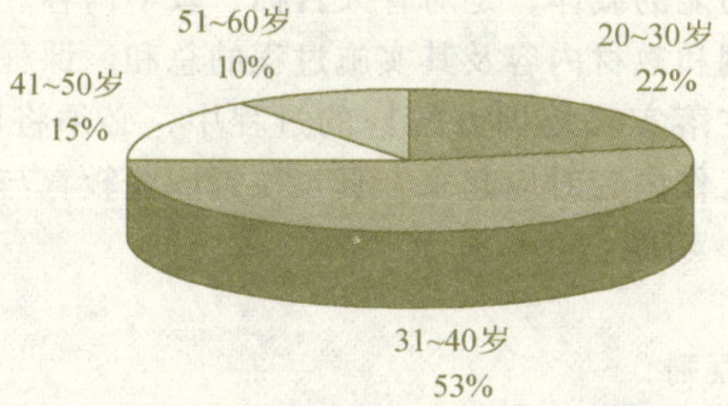

图1－10 广州市财经类专业师资队伍的年龄结构

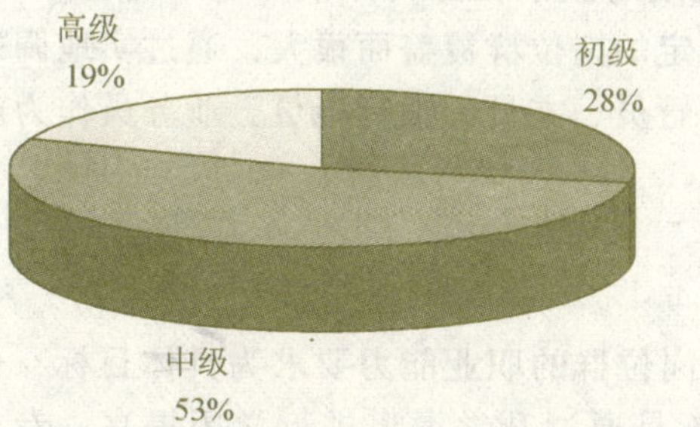

图1－11 广州市财经类专业师资队伍的职称结构

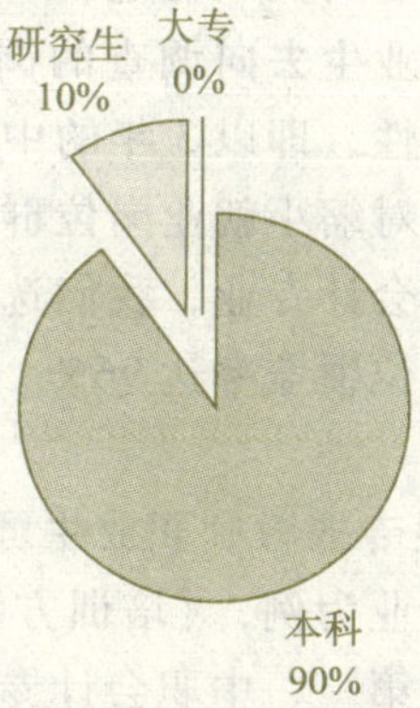

图1－12 广州市财经类专业师资队伍的学历结构

以广州市中职财经类教师调查分析来看，20～30岁教师所占比重为22%，31～40岁教师占53%，41～50岁教师占15%，51～60岁教师占10%。因此，专业培训方案制定应该以骨干教师培训为主、普通教师和专业带头人为辅来进行培训方案设计。

从广州市财经类专业师资队伍的职称结构来分析，初级资格专业教师占28%，中级占53%，高级占19%。为此，我们得出结论：专业培训方案制定仍应该以骨干教师培训为主、普通教师和专业带头人为辅来进行培训方案设计。

从广州市财经类专业师资队伍的学历背景分析，具有本科毕业学历的占90%、研究生毕业的占10%。可见，中职会计专业师资队伍在素质上已有极大的提高，尤其是文化基础素质很高，专业理论知识比较新，需要补充职业教育学、专业教学方法等知识和实践教学经验。

现实表明，专业的动态变化性对现任教师提出了挑战。一方面，新兴专业教师紧缺；另一方面，不可能简单地让专业结构调整产生的剩余教师下岗。因此，许多会计教师要兼任非会计的商贸课程，甚至转行为现在新兴专业——物流专业的教师。教师要跨专业任教，一专多能，这种现象在文科类专业中表现得尤其明显，有的学校甚至因为教师的因素，将不少专业会计化，造成不少专业名存实亡。因此，师资稳定性难以适应专业动态发展要求的矛盾突出，师资培训、师资的继续教育显得尤为迫切和重要。

（二）职业岗位群及培训目标的确定

职业教育课程是实现功能的载体，是对育人目标、教学内容、教学活动方式的规划和设计，是教学计划、教学大纲和教材内容及其实施过程的总和。课程结构和内容是影响教师职业能力形成的重要变量，在落实《培训方案》的过程中，必须将课程结构与工作结构有机地结合起来，课程内容与工作内容对应起来，真正拉近职业教育与实际工作的距离，才能实现职教课程的“就业导向”功能。

1. 确定专业岗位群的原则

根据以上分析，财经类专业毕业生就业岗位呈现多、杂、同的特征。但为了确定财经类各专业的职业能力，必须在众多的岗位中选择出主要的岗位。选择的原则有三条：一是关联性，即依据专业的关联性选择，取专业关联性大的岗位，舍关联性小的岗位；二是就业比重，即根据毕业生去向调查的岗位比重来选择，选就业比重高的岗位，舍就业比重低的岗位；三是适量性，即以3年的中职教学时间能够完成的教学任务为限度，每个专业取4～6个岗位数来相对缩小就业岗位群。按照这些原则确定的岗位群覆盖面很大，通过实地调研我们得出：对于会计专业，我们选择会计、出纳、仓管员、文员、银行柜员、业务员作为就业岗位群，其岗位覆盖率达96%。

2. 以满足专业教师职业生涯发展为总目标

以会计专业为例，《培训方案》就是以岗位与岗位群的职业能力要求为具体目标，但不容忽视两点：第一，中职会计专业的毕业生有13%是通过升学渠道进行学历提高，专业培训课程设置必须兼顾升学这一任务；第二，专业培训课程不仅要满足学生的一次性就业服务，更要为学生转岗再就业打下基础。因此，对核心能力的培养尤为重要。针对中职会计专业实际情况，我们在专业《培训方案》设计过程中充分地考虑相关因素，使专业培训方案设计更具有前瞻性及实用性。

（三）构建工作活动为导向的课程结构

按学科建构的课程体系，教师建构起来的是知识能力结构，而知识能力结构与工作过程结构是不一致的，教师在工作过程中必须打乱原有的建构体系，重新建构。在重构的过程中，教师遇到的困难是：情境的改变、原有知识技能的不足、重构能力缺乏等。所以，职业教育的课程体系构建必须与职业活动紧密联系。

综前所述，专业培训课程结构必须简洁、灵活，我们提出构建以职业活动为导向的模块化课程体系，即“以职业能力导向专业目标、以模块序化课程门类、以多种形态呈现课程结构、以任务驱动编制课程内容”，还要突出培训课程的“宽——职业群，专——岗位方向”的功能。每一专业必须涵盖4~6个职业岗位，这些岗位的职业能力要求是该专业培养的实施目标。专业的课程结构由两级课程构成，第一级为模块课程；第二级为一个个课程门类。模块课程包括通用课模块、专业课模块（含专业基础课程和专业核心课程）、专业方向模块。模块课程之下的课程门类形态是多种的，可以是项目课程、职业训练课程，也可以是学科课程，不同的课程形态具有不同的课程结构。例如，学科课程是以知识为逻辑主线，而项目课程和职业训练则以工作过程（任务）为逻辑主线。为使课程结构内容与工作结构内容紧密结合起来，在课程内容编制时必须以典型的工作任务为引领，编制任务驱动式课程内容。培训课程构建思想如图1－13所示。

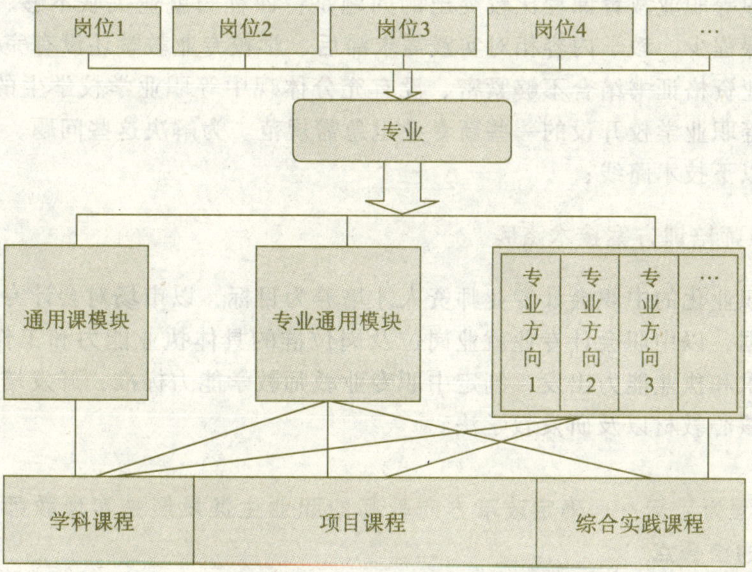

图1－13　专业培训课程构建结构图

基于以上课程构建思路，以实证研究为基础，我们构建了以职业为导向的会计专业培训课程体系。这一培训课程方案由通用课程、专业通用模块（含专业基础课程和专业核心课程）、专业方向模块、拓展模块等构成。其具体的培训课程形态包括项目课程、综合实践课程、学科课程和专题讲座，其中又以项目课程为主体。

我们的制定依据是：首先，主要是中职会计岗位的实际工作流程，以及所需知识和技能的客观要求，设计职业教师培训的教学内容和知识结构；其次，是依据专业培训课程体系中各种知识的特点和各层次教师的具体状况，来选择教学方法和教学资源；再次，是依据培训课程体系中各类知识在职业教育中的作用，配置教学时间。

二、专业教师培训方案技术路线与方法

我们在前期大量的社会调查基础上，通过数据加工整理与分析，对专业培训方案的设计基本理念要以科学发展观为指导、以就业为导向、以能力为本位、以岗位需要和职业标准为依据，满足不同层次专业教师职业生涯发展的需求，对专业教师进行专业教学能力培训，以适应社会经济发展和科技进步的需要。要着力解决目前我国中等职业教育课程中比较突出的问题，形成新的职业教育课程理念，按照实际工作任务、工作过程和工作情境组织课程，形成以任务引领型课程为主体的具有我国特色的现代职业教育培训课程体系。

目前，我国中等职业教育课程比较突出的问题是：课程与就业关联不够、学科课程多、就业及工作相关课程少、教学内容相对实践需求滞后、学校专业教学还没有完全结合企业的实际需要、与职业资格证书结合不够紧密、没有充分体现中等职业学校学生的学习特点等。同时，近年来中等职业学校开设的一些新专业也急需规范。为解决这些问题，专业教师培训方案开发应确立以下技术路线：

（一）专业教师培训方案技术路线

以专业化和职业化的中职会计专业师资人才培养为目标，以市场对会计专业方面职业人才需求规格为依据，以中职会计专业就业岗位及岗位群的具体执业能力和工作过程为导向，从岗位的职业要求和执业能力出发，制定中职专业教师教学能力标准，开发培训方案、设计教学课程、编写核心教材以及研发教学法。

1. 以职业生涯为目标——确定改革方向教师的职业生涯发展是实现教师自身发展和社会经济发展需要的结合点

专业培训定位要立足于教师职业生涯发展，尊重教师更新知识权益，给专业教师提供多种选择方向，使教师获得个性发展与工作岗位需要相一致的职业能力，为教师的职业生涯发展奠定基础。这就需要专业培训方案设计在传授专业知识、专业技能时，必须紧紧围绕教师职业生涯未来发展目标，来提高其本身业务素质与能力。

2. 以工作任务为引领——确定课程模块

培训课程设置必须与工作任务相匹配。要按照职业群中工作岗位的不同需要划分专门化方向，按照工作任务的逻辑关系设计培训课程，打破“三段式”与“学科本位”的课程模式，摆脱学科课程的思想束缚，从岗位需求出发，尽早让学生进入工作实践，为学生提供体验完整工作过程的模块式课程体系，逐步实现从学习者到工作者的角色转换。

3. 以职业能力为基础——确定培训课程内容

专业知识的掌握服务于能力的建构。要围绕职业能力的养成组织培训课程内容，以工作任务为中心来整合相应的知识、技能和态度，实现理论与实践的统一。要避免把职业能力简单理解为操作技能，注重职业情境中实践智慧的养成，培养教师在复杂的工作过程中作出判断并采取行动的综合职业能力。专业培训课程内容要反映专业领域的新知识、新技术、新工艺和新方法。

4. 以工作过程为主线——确定培训课程结构

按照工作过程设计培训过程，要以典型产品（服务）为载体来设计活动、组织教学，建立工作任务与知识、技能的联系，增强专业教师的直观体验，激发教师的培训兴趣。典型产品（服务）的选择要体现我国的经济特点，兼顾先进性、典型性及通用性，培训活动设计要符合教师的教学能力水平和教学实际需要。

5. 以职业标准为依据——确定培训鉴定项目

以职业技能鉴定为参照强化技能训练，专业培训课程标准要涵盖职业标准，要选择社会认可度高、对学生劳动就业有利的职业资格证书，具体分析其技能考核的内容与要求，优化训练条件、创新训练手段、提高训练效果，使学生在获得学历证书的同时，能顺利获得相应职业资格证书。

（二）专业教师培训方案开发方法

在本培训项目的开发和实施过程中，采用了如下方法：

1. 历史研究法

历史研究法是通过寻找事物发展的历史脉络，把握其发生、发展及消亡的过程，从而探索事物本质与规律的方法。职教教师教育在我国已经有了一定的发展基础，只有通过追述其历史，把握其整体，才能够进行彻底的反思，探求现在的改革趋向，勾勒未来的发展轨迹。

2. 文献研究法

对国内职教教师教育研究文献进行搜集、整理与分析，作为研究的起点与基础。国外职教教师教育情况作为比较研究的对象，作为本项目的一个部分。

3. 调查研究法

调查研究法包括问卷调查法与访谈法。本项目分别针对企业岗位及岗位群、中职教学生及中职教在职专业教师设计了多套问卷，通过问卷调查了解中职教师学生和在职专业教师对教师培训的评价与建议，包括中职教教师培训的课程设置、教学模式、继续教育等各个方面的情况，了解中职教教师的专业发展规律及专业发展模式，真实反映职教教师教育的现实问题，为重新建构职教教师教育提供现实依据。对会计专业的职业要求和职业教育人才需求的预测和掌握，拟采取问卷调查方法。在职业要求方面采取对社会的问卷调查，对职业教育的人才需求可通过对中等职业学校直接调查，再通过数据处理和统计分析，客观地确定社会对会计专业中职人才需求的种类（职业群）和人才需求规格（技能标准）。本项目在研究过程中将以中职职业学校教师为访谈对象，了解专业教师成长的个案，为本项目的理论阐述提供实践依据，弥补文献研究的不足。

4. 比较研究法

本项目主要通过对国外职教发达国家职教教师教育特点的研究，发现职教教师教育的实然性，探索其应然性，为我国职教教师教育的合理性、科学性、先进性建构提供典范及依据。在设计培训规划和方案、教材课件的开发方面，要借鉴国外在会计专业人才培训和培养上的先进理念、经验和方法，特别是会计专业适合中职就业职业群的开发。

5. 逻辑推演法

运用概念、判断、推理等方法对研究内容进行理性思考，并按照事物之间的逻辑联系，通过分析、归纳、整合等逻辑演绎手段，得出本研究的一些观点。

6. 场景模拟

这是对现实世界某一空间场景的一种从现实的或可预见的未来一组与之相关的职业或岗位入手，深入分析这一职业或岗位的工作流程、工作环节、工作手段和工作方法，并对各环节工作的有效性和整个流程运营合理性所需要的技能点、知识点以及工作态度的要求作出客观的评判，并以此作为中职本专业教师教学能力标准制定、培训课程开发和教材编写的依据。

7. DACUM 方法

这是由不同方面专家学者组成，以研讨会形式，通过对一种职业群的分析和教学计划的商讨，并最终以简洁的图表方式展示结果的一种科学高效的研发方法。这种方法可以运用于会计专业教师教学能力标准制定和培训方案的开发。

8. 知技结合法

这种方法又可以表述为理论与实践相结合的方法。在培训课程设置、教材编写和教学方法的选择上要体现一定的基础理论体系的构建，又要突出较强的实践特点。在理论和实践的结合上，遵循淡化学科、强化专业、理论适度、技能适应、知识应知及实践应会原则。

三、专业教师培训方案设计目标

培训需求分析是指在规划与设计每一项培训活动之前，由培训部门、主管人员、工作人员等采用各种方法与技术，对各种组织及其成员的目标、知识、技能等方面进行系统的鉴别与分析，以确定是否需要培训及培训内容的一种活动或过程。它既是确定培训目标、设计培训规划的前提，也是进行培训评估的基础，因而成为培训活动的首要环节。培训需求是影响培训效果的重要因素，对培训需求的掌握程度直接决定了教师参与程度。我们通过东北财经大学、哈尔滨商业大学职业技术学院和同济大学职业技术学院等国家级中职骨干教师培训基地会计专业、市场营销专业、电子商务专业和国际贸易专业开展的“中职专业教师培训状况调查问卷”、“中职教师专业培训满意度调查问卷”、“中职教师在教师培训中的压力情况调查表”三份调查问卷，发放问卷 1 135 份，收回有效问卷 1 119 份，无效问卷 116 份。通过数据加工分析我们得出：90% 专业教师愿意参加骨干教师培训，需要培训内容为：职业教育理论、职业教育方法；专业知识更新；现代技术在教学方法中的具体应用；如何开发课程；撰写课题、论文、实践报告、专业调研、数据分析等，我们针对以上问题展开专业培训细化方案。

通过上述分析，我们主要基于工作过程导向来设计培训方案。

（一）工作任务分析

工作任务分析是指对会计专业所对应的岗位或岗位群中需要完成的任务进行分解的过程，目的在于掌握其具体的工作内容，以及完成该任务所需要的岗位能力。分析的对象是工作而不是员工。其要求是把本专业所涉及的岗位活动（包括专门化方向）分解成若干相对独立的工作项目，再对工作项目进行分析，获得每个工作项目的具体工作任务，并对完成任务应掌握的岗位能力作出较为详细的描述。要对工作项目、工作任务、岗位能力按逻辑关系进行排序。工作任务分析的成果形式是“任务与岗位能力分析表”。

（二）培训课程结构分析

课程结构分析是把工作任务分析的结果（即“任务与岗位能力分析”）转化为专业（实训）课程，形成由“专业核心”课程模块和“专门化方向”课程模块组成的模块式课程结构。

“专业核心”课程模块是指以若干个完成某个专业共同的工作任务为目标的课程模块，这些课程模块要以不同于专门化方向之间的共同岗位能力为基础来设计。它不同于过去所说的专业基础课，要避免用“知识”代替“能力”为基础来设计这些课程模块的倾向。

“专门化方向”课程模块是指在“专业核心”课程模块基础上，针对某一就业岗位，以完成某些专项任务为目标的课程模块。“专门化方向”课程模块应涵盖国家（行业）颁布的相应岗位标宦的考核要求。“工作任务”模块到“课程”模块设置的转换流程如图 1 – 14 所示。

从“工作任务”模块到“课程”模块应遵循有利于学生岗位能力的培养和有利于教学的原则。工作任务课程与专业（实训）课程并不要求一一对应，一般可先将能单独成为一门课程的任务挑选出来，然后再将其他工作任务进行整合。整合的基本技术要求是根据工作的相关性，而不是知识的相关性，并同时遵循相关性和同级性两个原则。相关性原则是指把工作内容关联程度比较高的合并在一起，同级性原则是指所合并的任务应当处于同一个层级上。

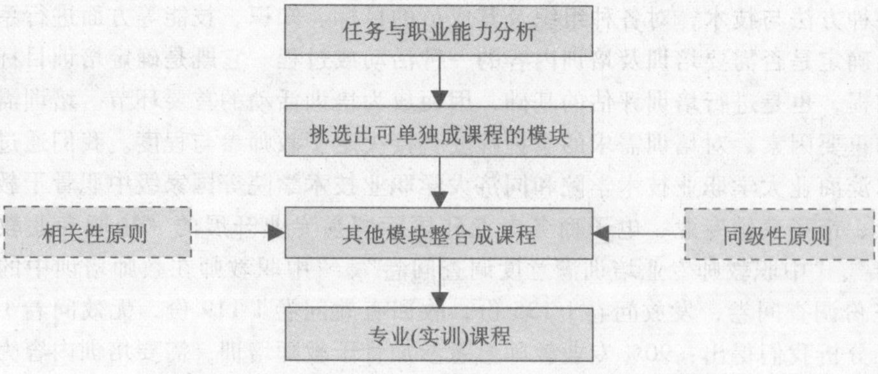

图 1-14　工作任务模块到课程模块设置的转换流程

（三）培训课程内容分析

课程内容分析是将“任务与岗位能力分析”表中表述的岗位能力落实在相应的课程中（即“专业（实训）课程”表），明确专业（实训）课程的主要教学内容与要求、技能考核项目与要求、建议学时数等内容。

培训课程标准是主管部门对培训课程的基本规范和质量要求，是教材编写、教学、评价和考核的依据，也是教育行政部门管理和评价课程的基础。专业培训课程标准应体现专业教学的某一方面或某一领域对教师在知识与技能、过程与方法、情感态度与价值观等方面的基本要求，并规定专业课程的性质、目标、设计思路、内容框架，提出教学建议和评价建议。

（四）培训方案开发遵循的原则

培训方案设计基本原则，是指人们基于培训方案设计规律的认识而制定的，在设计时必须遵循的基本要求。

1. 规范性原则

培训方案设计的文字表达要准确、规范，层次要清晰，逻辑要严密，技术要求和专业术语应符合国家有关标准和技术规范，文本格式和内容应符合规定的要求。

2. 实用性原则

培训方案设计要有利于职业学校的改革，能适应学生和企业岗位的实际需要，与职业标准相结合，旨在提高中职专业教师的专业教学能力。

3. 操作性原则

培训方案设计的各项内容和要求应清晰明确，尽可能具体化、可度量、可检验。

4. 发展性原则

培训方案设计要具有前瞻性，能反映科学技术进步和社会经济发展趋势，体现职业与职业教育的发展趋势，要为学校创造性地实施培训方案留出拓展空间。

我们在前期大量调研基础上，根据教育部中等职业学校教师素质提高专业培训包开发项目基本要求，设计了三个不同层次专业教师培训方案。

四、专业教师培训方案设计基本模式

（一）运用了“能力本位（CBE）”课程开发模式

在课程研究中重视职业能力的分析，以职业能力来确定专业培养目标。在职业能力分析中运用了“DACUM”的分析方法和工具，对专业的职业工作任务进行细致的分析，为培训课程内容开发打下了扎实的基础。

（二）运用了“工作过程系统化”课程开发模式

在课程门类及内容开发中，围绕工作的结构、任务建构课程的结构和内容，突出职业能力培养的项目课程，以及突出综合职业能力培养的综合化、整体化的实践课程。

（三）借鉴了“宽基础活模块”的课程建构模式

在建构课程结构中突出一专多能的思想，对课程进行模块化的组合，增强课程的灵活性。“宽基础”的宽是指职业群，活是指专门化（岗位）方向，旨在打下较宽的专业基础，利于适应多岗位的需要。教师又可以根据自己的兴趣和特长选择学习某一岗位的知识和技能。

会计专业培训方案的制定主要考虑到每个层次方案中都包括三类：第一类是职业教育学课程主要解决通用教学能力；第二类是专业技术类课程，包括专业能力和实际操作技能等相关课程；第三类是职业类课程，每类课程中设定 10 个指标体系，具体是教学目标确立、教学内容构成、教学方法选择、教学形式采用、教学重点难点、教学情景设计、教学资源利用、教学时数配置、教学考核方法及教学效果评价等，构成培训大纲。

培训方案的设计涉及培训内容、选择被培训的对象、运用学习原理设计培训方案等问题。教师学习和培训潜力的估计是设计专业培训方案中非常重要的问题。这是因为提供培训的组织愿意对那些具有培训潜力的不同层次专业教师进行培训，而不同层次专业教师也希望培训方案既符合自己的兴趣，又能够帮助他们提高专业能力和综合业务素质。

从培训方案本身角度考察，将其细化为三个指标来进行：

1. 内容效度

看培训方案的各组成部分是否合理、系统化，是从培训方案的本身来说的，分析其是否符合培训需求分析，各要素前后是否协调一致；

2. 反应效度

看受训者的反应，受训者是否对此培训感兴趣，是否能满足受训者的需要，如果否，找出原因；

3. 学习效度

以此方案来培训，看传授的信息是否能被受训者吸收，如果否，则要考虑到传授的方法以及受训者学习的特点等各个方面的因素来加以改进。

从受训者的角度来考察，看受训者培训前后行为的改变是否与期望的一致，如果不一致，则应考虑是培训效果不理想，还是缺乏应用培训所学内容的机会，还是由于习惯影响使培训效果还未表现出来，需延长考察时间。

五、专业教师培训方案适用对象说明

三个层次的系统培训方案应由四个方面的知识体系构成，即职业类课程、技术类课程、教育类课程和实训项目类课程。

（一）上岗层次专业教师培训

1. 基本概述

这部分青年教师在其职业生涯初期的培训目标主要是：进行教育教学知识的调整与完善，熟练掌握职业教育教学基本功和专业教学方法，初步接触并逐步进入职业教育改革科学研究活动中。

2. 新上岗教师

新上岗教师在专业教学过程中胜任的主要能力是：

（1）新任教师须在一学年内承担本专业至少两门专业理论课程和一门实验课程的助教工作，承担辅导答疑、批改作业、讲解习题、评阅试卷、组织课堂讨论、协助主讲教师指导学员的实验和实训等教学工作。根据工作需要，可担任一门专业课程和一门相关实验课程的部分讲授或指导工作。

（2）第一环节考核合格后的一学年内，根据工作需要，可系统承担一门专业理论课程和一门相关实验课程的主讲或指导工作，组织开展课堂教学，承担阅卷、辅导、答疑、批改作业等教学工作。

（3）第二环节考核合格后，每学年系统承担至少两门课程的主讲工作，开发学习资源，组织和开展课堂教学，指导实验和实训，承担阅卷、辅导、答疑、批改作业等教学工作，根据工作需要，担任班主任工作。

（4）参加示范教学和教学经验交流活动。

（5）参加课程建设和实验室建设。

（6）参加教学法研究和教育教学研究与改革，参加编写教材和教学参考书。

可见，新任教师培训是属于岗前培训，目的是使受训教师能够对职业教育理论和职业教育方法基本有一个总体把握，并融汇到专业教学中。由于新任教师刚刚走出大学校门，专业知识较新，培训使新任教师对财务专业知识培训的重点及难点有一个了解，并能够准确地传授所学的专业知识。

3. 新上岗教师培训课程开发内容

新上岗教师具体培训课程开发主要包括以下四部分：

（1）应知职业教育模块

本模块主要是培训普通教师应该掌握的职业教育学基本原理、职业教育的专业教学方法以及心理学等，同时还要了解行业的发展和趋势，运用科学发展观来判断职业的发展动态。

（2）应知的专业岗位模块

本模块培训的目的是在教师专业知识体系中植入会计专业最新理论和法规变化。具体内容包括三个方面：第一，新会计准则讲解；第二，新所得税法与财务专业知识具体应用，要求本层次培训学员重点掌握财经法规及政策的相关规定、专业核算方法、财务管理及分析理论和方法；第三，新审计准则讲解。

（3）应会的专业技能知识

本模块培训目的是使新任教师初步掌握处理企业财务会计具体实务的基本技能。具体内容包括四个模块：第一，财务会计模拟实训，使受训新任教师利用所学专业知识，按照岗位、岗位群以及相关职业分析图提炼知识点、技能点进行实验与实训，掌握会计核算基本方法及相关理论等。第二，税收实务与税收筹划模块，主要要求受训教师掌握我国税收的实际业务，包括纳税申报、金税工程及掌握税收筹划的内容和基本方法；掌握税务代理中介业务的具体内容、操作程序以及相关的税收制度。第三，企业会计查账实务模块，主要要求受训者能够熟练掌握审计理论与方法，能运用所学专业知识来指导企业实际查账业务，掌握会计师事务所代理记账的工作流程与基本业务内容。第四，财务软件操作能力模块，通过具体操作，使培训者掌握各种主流财务软件操作流程和方法，并能处理企业的实际业务。

（4）应用的专业教学方法

本模块培训目的是使普通教师掌握相应的专业教学方法，如课堂讲授、案例讨论、场景模拟、问题诊断、角色扮演法和实训实习。

（二）提高层次专业教师培训

1. 基本概述

合格教师在其职业生涯中期的培训目标主要是：加强专业知识更新培训，促进教师专业再次发展；加强现代化教育技术教学能力的培养、科研能力的培养；强化交流与学习。

2. 提高教师培训

职教专业种类繁多、学科跨度大，而且职业教育的教育学科知识也有其特殊性，这就使专业知识更新培训更为重要。提高教师的专业知识更新必须注意在更新专业知识时不能只局限于某个专业的知识，而应将其拓展到相关的学科，重点解决四大综合能力：教育教学能力、自我发展能力、教育科研能力与创新能力。

（1）每学年至少系统承担两门课程的主讲工作，开发学习资源与课程，组织和开展课堂教学，指导实验和实训，承担命题与阅卷、辅导、答疑、批改作业等教学工作。

（2）指导助课教师及其他普通教师。

（3）参加示范教学和教学经验交流活动。

（4）参加专业建设、课程建设、教材建设和实验室建设。

（5）了解专业与课程的发展动态，开展教学研究与改革，主持或参加教学研究与改革项目，主持或参加编写教材和教学参考书。

这一层次的培训在教学方案的设计上主要考虑两个方面：一是进一步深化和拓展会计专业所必须的理论基础；另一方面是强化和精练业务操作技能，使受训教师能够达到专业的职业资格和能力，从而能够将这种能力传授给学生。

（三）骨干层次专业教师培训

1. 基本概述

专业带头人的培训属于提高性培训，培训目标应该有一定的弹性和灵活性，主要是文化知识的拓宽、教育和心理知识的更新、专业知识的加深。在能力发展方面，重点解决四大综合能力：教育教学能力、自我发展能力、教育科研能力与创新能力。

2. 专业带头人培训

通常专业带头人除了完成本职工作外，还需要做以下开拓性的工作：

（1）每学年至少系统承担一门课程的主讲工作，开发学习资源和课程体系，组织和开展课堂教学，根据工作需要承担指导实验和实训、命题与阅卷、辅导、答疑、批改作业等教学工作。

（2）指导和培养青年教师。

（3）主持专业建设，指导或参加课程建设、教材建设和实验室建设。

（4）掌握专业发展动态，提出具有重要意义的研究课题；指导教育教学研究与改革，主持或参加教学研究与改革重点项目，主持编写高水平的教材。

骨干教师培训设计主要以专题培训为主，聘请知名教授和实际业务操作能手，对本专业普遍性的难题和专业技能未来发展进行专题讲座，使骨干教师具有专业的设计、研发和创新能力，形成一批会计专业职业人才培养的专家级教师队伍。

六、专业教师培训方案需要说明的其他相关问题

第一，专业细化培训方案的制定所用调研数据尚在加工、汇总和分析之中，还未完成全国区域财经学校基本信息采集。本数据主要以广东省广州市中职财经学校会计专业作为样本点，我们将不断充实调研报告等相关佐证资料，为后续工作打下良好基础，敬请各位职教专家多多批评与指导，我们将不断地进行改进。

第二，由于我们对职业教育理论与方法理解尚不到位，缺乏此课题的研究经验，给课题总体构思和写作带来很大的困难，有时陷入“山重水复疑无路”的境地，恳请专家给予我们“柳岸花明又一村”的点拨。

第二部分

专业教师培训方案成果

经过一年半的全国调研工作，针对目前我国中等职业学校会计专业设置、招生及就业实际情况，从我国就业岗位工作任务与职业分析出发，经过前期大量的社会实地调研、问卷调查、全国中职培训基地调研、中职财经类学校访谈、社会办学培训机构访谈等多种方法调查，我们认为会计专业教师培养方向应进行重新定位，根据学生的就业岗位与岗位群来提炼出所需知识点、技能点，依据会计专业合格教师的教学能力标准来制定会计专业不同层次递进式的培训方案及实施细则。

通过对我国大中、小企业、中等职业财经学校、国家级（或省级）培训基地及相关中职教研究所进行实地专业调研数据实证分析结果，我们将大学毕业后进入中职院校从事教学与实践工作的专业教师划分为上岗层次教师、提高层次教师和骨干层次教师进行培训，这三个层次与师资培训类型关系见图 2－1。

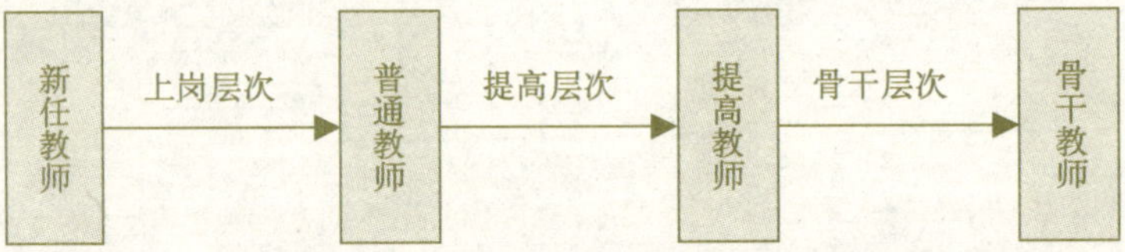

图 2－1　三个层次与师资培训类型关系

我们从宏观上把握行业、企业的人才需求与职业学校的培养现状，在此基础上确定培训方案总体专业教学改革思路、培养目标及专门化方向等。成果形式是“不同层次的培训方案”，概括为一个制定依据、三个培训层次、两个培训模块指标构建成“专业培训方案”总体框架。

在开发专业教师能力标准的基础上，根据专业培训包的要求，设计会计专业上岗教师、提高教师和骨干教师培训的三个不同层次的培训方案。此次培训方案是依据对辽宁省、黑龙江省、吉林省、浙江省、江苏省、山东省、湖北省、河南省、天津市、北京市、广东省、深圳市、广西壮族自治区、新疆维吾尔自治区、陕西省、甘肃省等省市的调查，发现刚从大学毕业的新任教师都参加了岗前培训，说明入职教育已经受到了重视。但是在访谈中教师也反映岗前培训时间很短，而且以教育学、心理学、教师职业道德、教育政策法规等课程的理论教学为主，缺少可操作性。考核也是以理论知识点的考核为主，对提高新任教师的教育教学能力以及上岗的适应能力起不到多大帮助作用。特别是对于从师范院校毕业的教师，岗前培训内容大部分是重复大学时代的教学内容，对缩短他们的职业适应期帮助不大，很多教师反映岗前培训不过是形式而已。

为此，我们依据专业教师专业能力标准，突出岗位的特点，在大量职业分析的基础上，确定三个不同层次工作岗位，制定适用于不同层次岗位的专业培训方案，形成中等职业学校专业教师培训方案体系框架（见表2-1）以及培训模块含义及形式解读（见表2-2）。

表2-1　中等职业学校专业教师培训方案体系框架

培训类型	上岗层级专业教师培训	提高层级专业教师培训	骨干层级专业教师培训
培训对象	新上岗教师	本专业的合格教师	本专业带头人或教学骨干
培训目标（应达到的能力标准）	上岗层级教师教学能力要求	提高层级教师教学能力要求	骨干层级教师教学能力要求
教学能力标准要求的内容	第N1i模块	第N2i模块	第N3i模块
实践能力标准要求的内容（职业技能证书）	第M1j模块	第M2j模块	第M3j模块
培训模式/方式（可选择）	预设式、综合性、课程式、集中式为主（基地培训、校本培训）	应答式、单项性、课程式、分散/集中参半式为主（基地培训、校本培训）	预设式、综合性、研讨式、集中式为主（基地培训）

表2-2　培训模块含义及形式解读（示例）

培训模块	模块内容＼对象	上岗层级专业教师				提高层级专业教师				骨干层级专业教师			
		内容	学时	形式	代码	内容	学时	形式	代码	内容	学时	形式	代码
教育类	职业道德培训模块				N11				N21				N31
教育类	职业教育学培训模块				N12				N22				N32
教育类	现代教育技术应用培训模块				N13				N23				N33
教育类	专业教学法培训模块				N14				N24				N34
教育类	职业教育心理学培训模块				N15				N25				N35
专业类	职业发展与劳动组织分析培训模块				N16				N26				N36
专业类	系列专业“四新”讲座培训模块				N17i				N27i				N37i
专业类	系列专业核心课程（含技能）培训模块				N18i				N28i				N38i
	企业实践培训模块				M12i				M22i				M32i

说明：

1. 根据教学/实践能力标准要求选择该层级教师培训的内容、学时、适当的形式，形成某一次的培训包。
2. 此培训方案体系框架是基于能力标准构建的，同时进一步减少了培训包的种类，使培训包的设计更加贴近实际，更加简易可行。
3. 培训内容的确定应当从专业特定要求出发，强调基于（1）相应层级教师任职资格要求；（2）相应层级教师能力标准；（3）相应层级教师培训需求调研结果；（4）可行性、有效性分析；（5）效益分析；（6）其他。
4. 培训模块的内容将按照一定的格式进行书写。

一、上岗层次专业教师培训

根据《教育部　财政部关于实施中等职业学校教师素质提高计划的意见》（教职成厅函［2008］9号）的有关精神，以教育部、财政部重点课题“中职会计师资培训包开发项目”（LBZD057）为有力支撑，积极开展中等职业学校会计专业教师培训工作，促使接受培训的教师更新业务知识、改变教育态度、提高教学技能、优化职业行为，更好地适应会计教学工作的要求。

为此，我们根据专业调研报告中关于会计专业国内师资总体状况以及全国范围内会计专业师资教学能力现状和全国范围内相关专业师资培训需求，我们把22～30岁以下，从大学毕业后到中职学校任专业教师，从事教学、实践工作的新进大学生或从事3年以上工作的教师划分为新任教师。依据会计专业合格教师能力标准制定培训方案（见图2－2）。

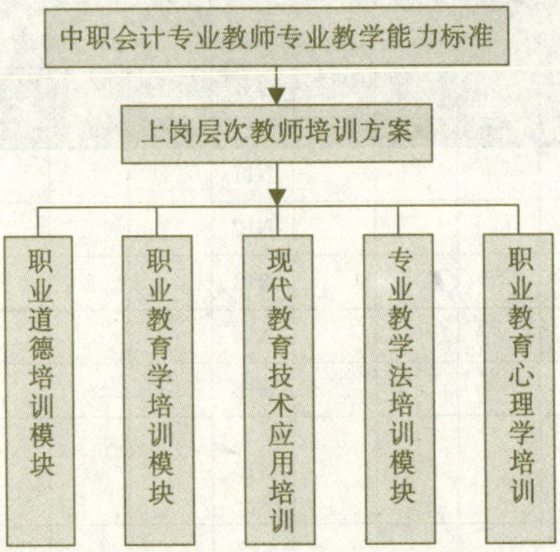

图2－2　上岗层次教师培训方案总体结构

（一）培训目的

以国务院关于大力发展职业教育的决定以及教育部、财政部“中等职业学校教师素质提高计划”为指导，努力改善中等职业学校教学工作，显著提高骨干教师的业务能力、学术水平，努力建设一支高素质的教师队伍。通过培训，使接受培训的教师政治思想和职业道德水准、专业知识与专业技能、学术水平、教育教学能力和科研能力等方面的综合素质有显著提高，使之成为具有高素质、高水平，具有终身学习能力和教育创造能力，在教学实践中发挥示范作用的中等职业学校的“双师（能）型”专业骨干教师。

（二）培训对象

根据教师能力标准的不同要求，将中等职业教师中的上岗层级教师界定为即学历达标，已获得教师资格证，刚从大学毕业，或从文化课和其他相近专业转岗的教师，并且未从事过本专业理论、实验实训教学。

（三）培训目标

基于能力标准制定培训目标，原则上达到：上岗层级专业教师应初步了解职业教育本质特点，了解实际的职业及职业规章；掌握基本教学技能，能在老教师的帮助下独立完成特定教学内容的教学；能基本把握课堂的节奏，独立应对课堂中出现的各种突发状况；了解基本教学方法，掌握1~2种教学方法，能够应用基本的教学媒体；培养基本的操作技能。

（四）培训内容

1. 教育类

N11　职业道德培训模块：

单元1　教师的职责及角色任务

单元2　《中等职业学校教师职业道德规范（试行）》解读

单元3　会计法律与行业职业道德

N12　职业教育学培训模块：

单元1　中外职业教育的比较与借鉴

单元2　职业教育培养目标

单元3　典型职业教育课程模式

单元4　职业教育过程设计与实施

N13　现代教育技术应用培训模块：

单元1　视听教学媒体的应用

单元2　多媒体课件的设计与开发流程

单元3　互联网教育资源利用

N14　专业教学法培训模块：

单元1　讲授教学法应用指导

单元2　项目教学法应用指导

单元3　实验教学法应用指导

单元4　案例教学法应用指导

N15　职业教育心理学培训模块：

单元1　职业学校学生的心理发展

单元2　职业学校学生学习动机及其激发

单元3　职业学校学生的教学设计与课堂管理

2. 专业类

N16　职业发展与劳动组织分析培训模块：

单元1　我国产业发展现状及展望

单元2　会计人才社会需求预测及职业分析

N17i　系列专业“四新”讲座培训模块：

单元1　会计专业新理论

单元2　会计专业新技术

单元3　会计专业新知识

单元4　会计专业新方法

N18　系列专业核心课程（含技能）培训模块：

N18i（M11j）单元1　会计核算实务（按岗位群）

N18ii（M12j）单元2　会计管理实务（按工作流程）

N18iii（M13j）单元3　鉴证咨询与服务（按岗位群）

M12i　企业实践培训模块：

实训1　会计网上仿真模拟循环实训（基地）

实训2　企业资源ERP模拟实训（基地）

实训3　企业沙盘模拟实训（基地）

实训4　校外企业基地顶岗实训（校外基地）

（五）培训体系框架

培训体系框架见表2-3、表2-4。

表2-3　　中等职业学校专业教师培训方案体系框架

培训类型	上岗层级专业教师培训
培训对象	新上岗教师
培训目标（应达到的能力标准）	上岗层级教师教学能力要求
教学能力标准要求的内容	第N11模块、第N12模块、第N13模块、第N14模块、第N15模块、第N18模块、第N18i模块（由7个模块构成会计专业教学能力标准培训包）
实践能力标准要求的内容（职业技能证书）	第M1j模块、第M12j模块（由2个模块构成会计专业实践教学能力标准培训包）
培训模式/方式（可选择）	预设式、综合性、课程式、集中式为主（基地培训、校本培训）

表 2－4　　上岗层级专业教师培训内容框架

培训模块		上岗层级专业教师：内容		学时：标准学时	学时：规定学时	学分	培训模式	培训方法（要求）	代码	备注
教育类	职业道德培训模块	单元 1	教师的职责及角色任务	3	10	0.5	预设式	讲授法 研讨法	N11	必修
		单元 2	《中等职业学校教师职业道德规范（试行）》解读	3						
		单元 3	会计法律与行业职业道德	4						
	职业教育学培训模块	单元 1	中外职业教育的比较与借鉴	4	20	1	集中式	讲授法 研讨法 视听法	N12	1
		单元 2	职业教育培养目标	4						
		单元 3	典型职业教育课程模式	4						
		单元 4	职业教育过程设计与实施	4						
	现代教育技术应用培训模块	单元 1	视听教学媒体的应用	10	30	1.5	单项式	讲授法 演示法	N13	必修
		单元 2	多媒体课件的设计与开发流程	10						
		单元 3	互联网教育资源利用	10						
	专业教学法应用培训模块	单元 1	讲授教学法应用指导	4	20	1	单项式	讲授法 研讨法 探讨法	N14	必修
		单元 2	项目教学法应用指导	8						
		单元 3	实验教学法应用指导	4						
		单元 4	案例教学法应用指导	4						
	职业教育心理学培训模块	单元 1	职业学校学生的心理发展	3	10	0.5	集中式＋预设式	讲授法＋研讨法	N15	必修
		单元 2	职业学校学生学习动机及其激发	3						
		单元 3	职业学校学生的教学设计与课堂管理	4						
专业类	职业发展与劳动组织分析培训模块	专题 1	我国产业发展现状及展望	4			集中式＋预设式	讲授法＋研讨法	N16	必修
		专题 2	会计人才社会需求预测及职业分析	4						
	系列专业“四新”讲座培训模块	单元 1	会计专业新理论	4	20	1	综合性＋预设式	演示法＋视听法	N17i	必修
		单元 2	会计专业新技术	6						
		单元 3	会计专业新知识	4						
		单元 4	会计专业新方法	6						
	系列专业核心课程（含技能）培训模块	单元 1	会计核算实务（按岗位群）	20	40	2	预设式＋课程式	讲授法＋研讨法	N18i M11j	必修
		单元 2	会计管理实务（按工作流程）	10					N18ii M12j	必修
		单元 3	鉴证咨询与服务（按岗位群）	10					N18iii M13j	必修

续表

模块内容 / 对象 / 培训模块		上岗层级专业教师							
		内　容	学　时			培训模式	培训方法（要求）	代码	备注
			标准学时	规定学时	学分				
专业类	企业实践培训模块	实训1　会计网上仿真模拟循环实训（基地）	6	90	4.5	集中式	挂岗实践 视听法 软件教学	M12i	必修
		实训2　企业资源 ERP 模拟实训（基地）	6						
		实训3　企业沙盘模拟实训（基地）	20						
		实训4　校外企业基地顶岗实训（校外基地）	46						
培训总课时				240	12				

（六）考核

培训考核应包含以下几部分：

（1）理论知识：运用所学的教学理论和方法，完成一份 4 学时以上的教案并进行试讲，占总成绩的 20%。

（2）专业实践技能：虚拟工作环境的建立，为职教师资的教学培训创设新的学习情景，占总成绩 15%。

（3）企业实践活动：由合作企业对学员实践情况和专业技能水平作出评定，占总成绩的 30%。

（4）教案与试讲：完成一份 2 学时以上的教案并进行试讲，提交实训作品，占总成绩的 15%。

（5）教学研究论文：撰写一篇 3 000 字以上的教学研究论文，并提交实训作品，占总成绩的 10%。

（6）平时作业、出勤、课堂表现，共占总成绩的 10%。

（7）学员考核合格后，颁发由国家基地统一印制的“中等职业学校专业骨干教师国家级培训结业证书”。

（七）培训方法

先进的教学方法和现代化的手段对提高职教师资培训质量具有非常重要的作用。在培训方案的开发中，应考虑现代教学方法在培训实施过程中的应用，例如采用项目教学法、实验教学法、案例教学法等，并通过多媒体技术的应用、虚拟实验技术的引入、虚拟工作环境的建立，为职教师资的教学培训创设新的学习情景。

二、提高教师专业能力培训方案

根据《教育部 财政部关于实施中等职业学校教师素质提高计划的意见》（教职成厅函［2008］9号）的有关精神，以教育部、财政部重点课题“中职会计师资培训包开发项目”（LBZD057）为有力支撑，积极开展中等职业学校会计专业教师培训工作，促使接受培训的教师更新业务知识、改变教育态度、提高教学技能、优化职业行为，更好地适应会计教学工作的要求。为此，特制订提高教师专业培训方案，作为培训标准工作文件。

我们根据专业调研报告中关于会计专业国内师资总体状况、教学能力现状和全国范围内相关专业的师资培训需求，我们把30～40岁以上，从大学毕业后到中职学校任专业教师，从事教学、实践工作3年以上的专业教师划分为提高教师。依据会计专业教师能力标准制订培训方案（见图2－3）。

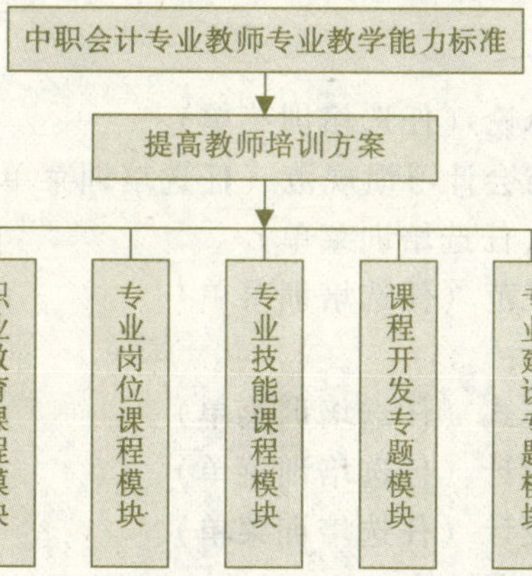

图2－3 提高教师培训方案总体结构

（一）培训目的

以国务院关于大力发展职业教育的决定和教育部、财政部“中等职业学校教师素质提高计划”为指导，努力改善中等职业学校教学工作，显著提高骨干教师的业务能力、学术水平，努力建设一支高素质的教师队伍。通过培训，使接受培训的教师政治思想和职业道德水准、专业知识与专业技能、学术水平、教育教学能力和科研能力等方面的综合素质有显著提高，使之成为具有高素质、高水平，具有终身学习能力和教育创造能力，在教学实践中发挥示范作用的中等职业学校的“双师（能）型”专业骨干教师。

（二）培训对象

根据教师能力标准的不同要求将中等职业教师分为上岗、提高、骨干三个层级进行培训。

提高层级教师的界定是：已经是本专业的合格教师，希望通过培训提高水平与能力，向骨干教师目标努力的教师。

（三）培训目标

基于能力标准制定培训目标，提高层级专业教师的培训目标原则上要达到：

（1）基本把握职业教育本质特点，理解职业教育与其他相关学科联系。

（2）能根据需要选取教学内容，并独立保质保量完成教学活动；能够进行教学计划的具体设计、实施、评价以及教学资料、媒体、专业实验室及实训场所的分析应用。

（3）理解专业教学法的内涵，掌握各种专业教学方法。

（4）掌握职业分析方法，能够运用工作分析方法对具体岗位和工作过程进行分析；能够通过分析获取技术工人所需的知识、技能。

（5）培养较熟练的操作技能。

（6）培养高级别的操作技能。

（四）培训内容

1. 教育类

N21 职业道德培训模块：

- 单元 1 会计行为规范总论（任选培训菜单）
- 单元 2 会计技术规范与会计习惯规范（任选培训菜单）
- 单元 3 会计法律规范（任选培训菜单）
- 单元 4 会计职业道德规范（任选培训菜单）

N22 职业教育学培训模块：

- 单元 1 现代四大职教模式（任选培训菜单）
- 单元 2 职业教育课程设计（任选培训菜单）
- 单元 3 职业教育教学设计（任选培训菜单）

N23 现代教育技术应用培训模块：

- 单元 1 现代教育技术应用环境（任选培训菜单）
- 单元 2 教学设计的原理和方法（任选培训菜单）
- 单元 3 多媒体课件的设计与开发流程（任选培训菜单）
- 单元 4 多媒体素材的采集、编辑与处理（任选培训菜单）
- 单元 5 用 PowerPoint 制作演示型课件（任选培训菜单）
- 单元 6 用 Authorware7 制作交互型课件（任选培训菜单）

N24 专业教学法培训模块：

- 单元 1 项目教学法应用指导（任选培训菜单）
- 单元 2 引导文教学法应用指导（任选菜单）
- 单元 3 实验教学法应用指导（任选培训菜单）
- 单元 4 案例教学法应用指导（任选培训菜单）
- 单元 5 模拟教学法应用指导（任选培训菜单）

单元6 角色扮演法应用指导（任选培训菜单）

单元7 头脑风暴法应用指导（任选培训菜单）

单元8 卡片展示法应用指导（任选培训菜单）

单元9 思维导图法应用指导（任选培训菜单）

N25 职业教育心理学培训模块：

单元1 从工作到知识（任选培训菜单）

单元2 职业技能学习的过程与策略（任选培训菜单）

单元3 学习动机的调动（任选培训菜单）

单元4 教学的基本程序与策略（任选培训菜单）

单元5 职业素质的考核与评价（任选培训菜单）

单元6 职业技术学校的职业指导（任选培训菜单）

2. 专业类

N26 职业发展与劳动组织分析培训模块：

单元1 我国产业发展现状及展望

单元2 分析过程导向职业活动特点、情景导向职业活动特点、分析效果导向职业活动特点

N27 系列专业“四新”讲座培训模块：

N27i 单元1 会计专业新理论

N27ii 单元2 会计专业新技术

N27iii 单元3 会计专业新方法

N28 系列专业核心课程（含技能）培训模块：

N28i（M21i） 单元1 会计实务核算（按岗位群）

N28ii（M21ii） 单元2 会计管理实务（按工作导向）

N28iii（M21iii） 单元3 鉴证咨询与服务（按岗位群）

N28iii（M21ii） 单元4 企业经营决策沙盘模拟操作

（M22i）企业实践培训模块：

实训1 会计网上仿真模拟循环实训（基地）

实训2 企业资源 ERP 模拟实训（基地）

实训3 企业沙盘模拟实训（基地）

实训4 校外企业基地顶岗实训（校外基地）

实训5 教案设计、多媒体应用和企业调研报告

实训6 企业创业与职业生涯

（五）培训体系框架

提高层级专业教师培训体系框架见表2-5、表2-6。

表 2－5　　　　中等职业学校专业教师培训方案体系框架

培训类型	提高层级专业教师培训
培训对象	本专业的合格教师
培训目标（应达到的能力标准）	提高层级教师教学能力要求
教学能力标准要求的内容	第 N22 模块、第 N23 模块、第 N24 模块、第 N27i 模块、第 N27ii 模块、第 N28i 模块、第 N28ii 模块（由 13 个模块构成会计专业教学能力标准培训包）
实践能力标准要求的内容（职业技能证书）	第 M12j 模块、第 M12jj 模块、第 M22j 模块（由 3 个模块构成会计专业实践教学能力标准培训包）
培训模式/方式（可选择）	应答式、单项性、课程式、分散/集中参半式为主（基地培训、校本培训）

表 2－6　　　　提高层级专业教师培训模块含义及形式解读（示例）

培训模块	模块内容 \ 对象	提高层级专业教师：内容	学时	形式	代码
教育类	职业道德培训模块	单元 1　会计行为规范总论（任选培训菜单） 单元 2　会计技术规范与会计习惯规范（任选培训菜单） 单元 3　会计法律规范（任选培训菜单） 单元 4　会计职业道德规范（任选培训菜单）	4	专题讲座	N21
教育类	职业教育学培训模块	单元 1　现代四大职教模式（任选培训菜单） 单元 2　职业教育课程设计（任选培训菜单） 单元 3　职业教育教学设计（任选培训菜单） 单元 4　职业教育教材设计（任选培训菜单）	16	单项性（基地培训）（校本培训）	N22
教育类	现代教育技术应用培训模块	单元 1　现代教育技术应用环境（任选培训菜单） 单元 2　教学设计的原理和方法（任选培训菜单） 单元 3　多媒体课件的设计与开发流程（任选培训菜单） 单元 4　多媒体素材的采集、编辑与处理（任选培训菜单） 单元 5　用 PowerPoint 制作演示型课件（任选培训菜单） 单元 6　用 Authorware7 制作交互型课件（任选培训菜单）	24	单项性（基地培训）（校本培训）	N23
教育类	专业教学法培训模块	单元 1　项目教学法应用指导（任选培训菜单） 单元 2　引导文教学法应用指导（任选培训菜单） 单元 3　实验教学法应用指导（任选培训菜单） 单元 4　案例教学法应用指导（任选培训菜单） 单元 5　模拟教学法应用指导（任选培训菜单） 单元 6　角色扮演法应用指导（任选培训菜单） 单元 7　头脑风暴法应用指导（任选培训菜单） 单元 8　卡片展示法应用指导（任选培训菜单） 单元 9　思维导图法应用指导（任选培训菜单）	24	单项性（基地培训）（校本培训）	N24

续表

<table>
<tr><th colspan="2" rowspan="2">对象 / 模块内容 / 培训模块</th><th colspan="4">提高层级专业教师</th></tr>
<tr><th>内容</th><th>学时</th><th>形式</th><th>代码</th></tr>
<tr><td>教育类</td><td>职业教育心理学培训模块</td><td>单元1 从工作到知识（任选培训菜单）
单元2 职业技能学习的过程与策略（任选培训菜单）
单元3 学习动机的调动（任选培训菜单）
单元4 教学的基本程序与策略（任选培训菜单）
单元5 职业素质的考核与评价（任选培训菜单）
单元6 职业技术学校的职业指导（任选培训菜单）
单元7 教师的教学交往技能训练（任选培训菜单）
单元8 职业技术教育与个人职业发展（任选培训菜单）</td><td>16</td><td>单项性
（基地培训）
（校本培训）</td><td>N25</td></tr>
<tr><td rowspan="7">专业类</td><td>职业发展与劳动组织分析培训模块</td><td>专题1 我国产业发展现状及展望
专题2 会计人才社会需求及预测
专题3 分析过程导向职业活动特点、情景导向职业活动特点、分析效果导向职业活动特点</td><td>4</td><td>专题式
（基地培训）</td><td>N26</td></tr>
<tr><td>系列专业“四新”讲座培训模块</td><td>单元1 新企业会计准则
单元2 新企业所得税法
单元3 新审计准则解读</td><td>32</td><td>讲座式
（基地培训）</td><td>N27i
N27ii
N27iii</td></tr>
<tr><td rowspan="4">系列专业核心课程（含技能）培训模块</td><td>单元1 会计实务核算</td><td>8</td><td>课程式
（基地培训）</td><td>N28i
（M21i）</td></tr>
<tr><td>单元2 会计管理实务</td><td>8</td><td>课程式
（基地培训）</td><td>N28ii
（M21ii）</td></tr>
<tr><td>单元3 鉴证咨询与服务</td><td>8</td><td>课程式
（基地培训）</td><td>N28iii
（M21iii）</td></tr>
<tr><td>单元4 企业经营决策沙盘模拟操作</td><td>8</td><td>单项式
（基地培训）</td><td>（M21ii）</td></tr>
<tr><td>企业实践培训模块</td><td>实训1 会计网上仿真模拟循环实训（基地）
实训2 企业资源 ERP 模拟实训（基地）
实训3 企业沙盘模拟实训（基地）
实训4 校外企业基地顶岗实训（校外基地）
实训5 教案设计、多媒体应用和企业调研报告
实训6 企业创业与职业生涯</td><td>88</td><td>企业实训</td><td>（M22i）</td></tr>
<tr><td colspan="2">培训课时总计</td><td>折算学分为12</td><td>240</td><td></td><td></td></tr>
</table>

说明：

1. 根据教学/实践能力标准要求选择该层级教师培训的内容、学时、适当的形式，形成某一次的培训包。

2. 此培训方案体系框架是基于能力标准构建的，同时进一步减少了培训包的种类，使培训包的设计更加贴近实际，更加简易可行。

3. 培训内容的确定应当从专业特定要求出发，强调基于：（1）相应层级教师任职资格要求；（2）相应层级教师能力标准；（3）相应层级教师培训需求调研结果；（4）可行性、有效性分析；（5）效益分析；（6）其他。

4. 培训模块的内容将按照一定的格式进行书写。

（六）考核

培训考核应包含以下几部分：

（1）理论知识：运用所学的教学理论和方法完成一份 4 学时以上的教案并进行试讲，考核占总成绩的 15%。

（2）专业实践技能：虚拟工作环境的建立，为职教师资的教学培训创设新的学习情景，考核占总成绩 10%。

（3）企业实践活动：由合作企业对学员实践情况和专业技能水平作出评定，考核占总成绩的 30%。

（4）教案与试讲：完成一份 2 学时以上的教案并进行试讲并提交实训作品，考核占总成绩的 15%。

（5）教学研究论文：撰写一篇 3 000 字以上的教学研究论文并提交实训作品，考核占总成绩的 20%。

（6）平时作业与出勤、课堂表现：共占总成绩的 10%。

学员考核合格后，颁发由国家基地统一印制的“中等职业学校专业骨干教师国家级培训结业证书”。

（七）培训方法

先进的教学方法和现代化的手段对提高职教师资培训质量具有非常重要的作用。在培训方案的开发中，应考虑现代教学方法在培训实施过程中的应用，例如采用项目教学法、实验教学法、案例教学法等，并通过多媒体技术的应用、虚拟实验技术的引入、虚拟工作环境的建立，为职教师资的教学培训创设新的学习情景。

三、骨干教师专业培训方案

根据《教育部　财政部关于实施中等职业学校教师素质提高计划的意见》（教职成厅函［2008］9 号）的有关精神，以教育部、财政部重点课题“中职会计师资培训包开发项目”（LBZD057）为有力支撑，积极开展中等职业学校会计专业教师培训工作，促使接受培训的教师更新业务知识、改变教育态度、提高教学技能、优化职业行为，更好地适应会计教学工作的要求。为此，特制定骨干教师专业培训方案，作为培训标准工作文件。

我们根据专业调研报告中关于会计专业的国内师资总体状况、师资教学能力现状和相关专业师资培训需求，从大学毕业后到中职学校任专业教师，从事教学、实践工作 3 年以上的专业教师，都具有遴选专业带头人资格。依据会计专业教师能力标准制定培训方案，骨干教师专业培训方案见图 2－4。

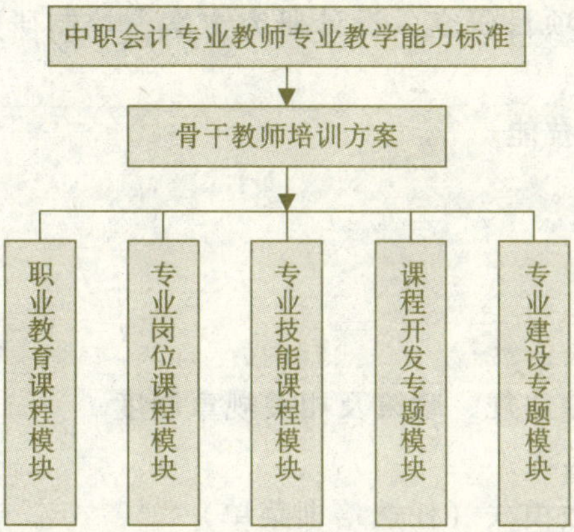

图 2－4　骨干教师专业培训方案总体结构

骨干教师层次培训项目是“中等职业学校教师素质提高计划”的第一个项目，“十一五”期间，国家将培训上万名骨干教师。骨干教师是教育观念新、专业水平高、实践教学能力强，在教育教学中起骨干示范作用的‘双师型’优秀教师。因此，这些教师的培训重点学习三个方面的内容：一是本专业领域的最新理论成果、前沿技术和关键技能；二是专业教学法和课程开发技术；三是相关企业的生产工艺流程、管理制度、企业文化、岗位用人要求等。骨干教师培训采取“基地培训＋企业实践”的模式进行，职业技术师范学院作为职教师资重点建设基地，应当为骨干教师提供高质量的培训。

（一）培训目的

以国务院关于大力发展职业教育的决定和教育部、财政部“中等职业学校教师素质提高计划”为指导，努力改善中等职业学校教学工作，显著提高骨干教师的业务能力、学术水平，努力建设一支高素质的教师队伍。通过培训，使接受培训的教师政治思想和职业道德水准、专业知识与专业技能、学术水平、教育教学能力和科研能力等方面的综合素质有显著提高，使之成为具有高素质、高水平，具有终身学习能力和教育创造能力，在教学实践中发挥示范作用的中等职业学校的“双师（能）型”专业骨干教师。

（二）培训对象

骨干层级教师的界定如下：已经是本专业带头人或骨干教师。

（三）培训目标

基于能力标准制定培训目标，骨干层级专业教师的培训原则上要达到：

（1）深刻把握职业教育本质特点，理解职教师资教学实践和职业工作实践的这种“双重”实践能力。

（2）根据不同教学情境熟练地完成教学活动，善于把工作岗位及工作过程转换为学习环境，开拓学生在专业工作中学习的可能性以及善于开发专业教学中的学习工作任务。

（3）熟练运用工作分析法，将岗位分析的结果归类重组并形成新的教学内容。系统地进行技术、工作以及职业教育过程的分析、组织与评价。

(4) 能够统筹总领课题项目研究，设计研究方案、控制研究过程、形成研究成果并推广实施。

(5) 培养高级别的操作技能。

(四) 培训内容

1. 教育类

N31　职业道德培训模块：

单元 1　职业教育法律法规、政策及相关规章制度

N32　职业教育学培训模块：

单元 1　现代四大职教模式（任选培训菜单）

单元 2　职业教育课程设计（任选培训菜单）

单元 3　职业教育教学设计（任选培训菜单）

单元 4　职业教育教材设计（任选培训菜单）

N33　现代教育技术应用培训模块：

单元 1　多媒体课件的设计与开发流程

单元 2　多媒体素材的采集、编辑与处理

单元 3　用 PowerPoint 制作演示型课件（任选）

单元 4　用 Authorware7 制作交互型课件（任选）

单元 5　用 Flash 制作交互型课件

单元 6　用 Dreamweaver 制作网页型课件

单元 7　光学投影媒体、电视媒体的教学应用

N34　专业教学法培训模块：

单元 1　项目教学法应用指导（任选培训菜单）

单元 2　引导文教学法应用指导（任选菜单）

单元 3　实验教学法应用指导（任选培训菜单）

单元 4　案例教学法应用指导（任选培训菜单）

单元 5　模拟教学法应用指导（任选培训菜单）

单元 6　角色扮演法应用指导（任选培训菜单）

单元 7　头脑风暴法应用指导（任选培训菜单）

单元 8　卡片展示法应用指导（任选培训菜单）

单元 9　思维导图法应用指导（任选培训菜单）

N35　职业教育心理学培训模块：

专题 1　职业素质的考核与评价（任选菜单）

专题 2　职业技术学校的职业指导（任选菜单）

专题 3　教师的教学交往技能训练（任选菜单）

专题 4　职业技术教育与个人职业发展（任选）

2. 专业类

N36　职业发展与劳动组织分析培训模块：

专题 1　分析社会发展、分析职业发展、分析个体发展需要

专题 2　分析过程导向职业活动特点、情景导向职业活动特点、分析效果导向职业活动特点

专题 3　分析职业资格标准知识要求、能力要求

专题 4　指导学生做赛前训练、组织竞赛

专题 5　参观考察企业、撰写调查报告、分析典型岗位及岗位群

N37　系列专业“四新”讲座培训模块：

N37i　单元 1　会计专业新理论（任选菜单）

N37ii　单元 2　会计专业新技术（任选菜单）

N37iii　单元 3　会计专业新方法（任选菜单）

N37iiii　单元 4　会计专业新方法（任选菜单）

N38　系列专业核心课程（含技能）培训模块：

N38i　单元 1　会计核算实务（任选菜单）

N38ii　单元 2　财务成本管理实务（任选菜单）

N38iii　单元 3　鉴证咨询与服务（任选菜单）

（M31i）单元 4　财务主流软件操作实务（任选菜单）

（M32i）企业实践培训模块：

实训 1　会计网上仿真模拟循环实训（基地）

实训 2　企业沙盘模拟实训（基地）

实训 3　校外企业基地顶岗实训（校外基地）

实训 4　参观企业、学校、撰写调查报告

（五）培训体系框架

骨干层次专业教师培训体系框架见表 2－18 至表 2－21。

表 2－18　　中等职业学校专业教师培训方案体系框架

培训类型	骨干层级专业教师培训
培训对象	本专业带头人或教学骨干
培训目标（应达到的能力标准）	骨干层级教师教学能力要求
教学能力标准要求的内容	第 N32i 模块、第 N32ii 模块、第 N34 模块、第 N36i 模块、第 N36ii 模块、第 N36iii 模块、第 N36iiii 模块、第 N37i 模块、第 N37ii 模块、第 N37iii 模块、第 N38i 模块、第 N38ii 模块、第 N38iii 模块（由 13 个模块构成会计专业教学能力标准培训包）
实践能力标准要求的内容（职业技能证书）	第 M3j 模块、第 M32i 模块（由 2 个模块构成会计专业实践教学能力标准培训包）
培训模式/方式（可选择）	预设式、综合式、研讨式、集中式为主（基地培训）

表 2－19　　骨干层级专业教师培训模块含义及形式解读（示例）

培训模块 \ 模块内容 \ 对象		骨干层级专业教师			
		内容	学时	形式	代码
教育类	职业道德培训模块	职业教育法律法规、政策及相关制度规定	4		N31
教育类	职业教育学培训模块	单元 1　现代四大职教模式（任选培训菜单） 单元 2　职业教育课程设计（任选培训菜单） 单元 3　职业教育教学设计（任选培训菜单） 单元 4　职业教育教材设计（任选培训菜单）	16	集中式 （基地培训） （校本培训）	N32
教育类	现代教育技术应用培训模块	单元 1　多媒体课件的设计与开发流程 单元 2　多媒体素材的采集、编辑与处理 单元 3　用 PowerPoint 制作演示型课件（任选） 单元 4　用 Authorware7 制作交互型课件（任选） 单元 5　用 Flash 制作交互型课件 单元 6　用 Dreamweaver 制作网页型课件 单元 7　光学投影媒体、电视媒体的教学应用	16	单项式 （基地培训） （校本培训）	N33
教育类	专业教学法培训模块	单元 1　项目教学法应用指导（任选培训菜单） 单元 2　引导文教学法应用指导（任选菜单） 单元 3　实验教学法应用指导（任选培训菜单） 单元 4　案例教学法应用指导（任选培训菜单） 单元 5　模拟教学法应用指导（任选培训菜单） 单元 6　角色扮演法应用指导（任选培训菜单） 单元 7　头脑风暴法应用指导（任选培训菜单） 单元 8　卡片展示法应用指导（任选培训菜单） 单元 9　思维导图法应用指导（任选培训菜单）	24	单项式 专题式 （基地培训） （校本培训）	N34
教育类	职业教育心理学培训模块	专题 1　职业素质的考核与评价（任选菜单） 专题 2　职业技术学校的职业指导（任选菜单） 专题 3　教师的教学交流技能训练（任选菜单） 专题 4　职业技术教育与个人职业发展（任选菜单）	16	专题式 （基地培训） （校本培训）	N35
专业类	职业发展与劳动组织分析培训模块	专题 1　分析社会发展、职业发展、个体发展需要 专题 2　分析过程导向职业活动特点、情景导向职业活动特点、效果导向职业活动特点 专题 3　分析职业资格标准知识要求、能力要求 专题 4　指导学生做赛前训练，组织竞赛 专题 5　参观考察企业、撰写调查报告、分析典型岗位及岗位群	8	研讨式 （基地培训） （校本培训）	N36
专业类	会计专业“四新”讲座培训模块	单元 1　新企业会计准则（任选菜单）	8	集中式 （基地培训）	N37i
专业类	会计专业“四新”讲座培训模块	单元 2　新企业所得税法（任选菜单）	8	集中式 （基地培训）	N37ii
专业类	会计专业“四新”讲座培训模块	单元 3　新审计准则解读（任选菜单）	8	集中式 （基地培训）	N37iii
专业类	会计专业“四新”讲座培训模块	单元 4　Excel 在财务管理中的应用（任选菜单）	8	集中式 （基地培训）	N37iiii

续表

培训模块 \ 模块内容 \ 对象		骨干层级专业教师			
		内容	学时	形式	代码
专业类	系列专业核心课程（含技能）培训模块	单元 1　会计实务核算（任选菜单）	8	集中式（基地培训）	N38i
		单元 2　会计管理实务（任选菜单）	8	集中式（基地培训）	N38ii
		单元 3　鉴证咨询与服务（任选菜单）	8	集中式（基地培训）	N38iii
		单元 4　财务主流软件操作实务（任选菜单）	8	集中式（基地培训）	(M31i)
	企业实践培训模块	实训 1　会计网上仿真模拟循环实训（基地） 实训 2　企业沙盘模拟实训（基地） 实训 3　校外企业基地顶岗实训（校外基地） 实训 4　参观企业、学校，撰写调查报告	104	集中式（基地培训）	(M32i)
培训课时总计		折算学分为 12	240		

说明：

1. 根据教学/实践能力标准要求选择该层级教师培训的内容、学时、适当的形式，形成某一次的培训包。

2. 此培训方案体系框架是基于能力标准构建的，同时进一步减少了培训包的种类，使培训包的设计更加贴近实际，更加简易可行。

3. 培训内容的确定应当从专业特定要求出发，强调基于：（1）相应层级教师任职资格要求；（2）相应层级教师能力标准；（3）相应层级教师培训需求的调研结果；（4）可行性、有效性分析；（5）效益分析；（6）其他。

4. 培训模块的内容将按照一定的格式进行书写。

（六）考核

培训考核应包含以下几部分：

（1）理论知识：运用所学的教学理论和方法，完成一份 4 学时以上的教案并进行试讲，考核占总成绩的 15%。

（2）专业实践技能：虚拟工作环境的建立，为职教师资的教学培训创设新的学习情景，考核占总成绩 10%。

（3）企业实践活动：由合作企业对学员实践情况和专业技能水平作出评定，考核占总成绩的 30%。

（4）教案与试讲：完成一份 2 学时以上的教案并进行试讲，并提交实训作品，考核占总成绩的 15%。

（5）教学研究：撰写一篇 3000 字以上的教学研究论文并提交实训作品，考核占总成绩的 20%。

（6）平时作业与出勤、课堂表现，共占总成绩的 10%。

学员考核合格后，颁发由国家基地统一印制的“中等职业学校专业骨干教师国家级培训结业证书”。

（七）培训方法

先进的教学方法和现代化的手段对提高职教师资培训质量具有非常重要的作用。在培训方案的开发中，应考虑现代教学方法在培训实施过程中的应用，例如采用项目教学法、实验教学法、案例教学法等，并通过多媒体技术的应用、虚拟实验技术的引入、虚拟工作环境的建立，为职教师资的教学培训创设新的学习情景。

相关说明

（1）据有关调研结果反映，职技师范类院校毕业的专业教师在师资队伍中所占比例不高，故不再以此分类，取而代之的是是否取得教师职业资格证书。

（2）可以考虑在实践能力标准与职业技能证书之间建立等价、互认制度，以减少培训成本。

（3）可以考虑建立职教师资培训证书制度。

（4）职业学校教师取得职教师资培训证书后才能正式进入教师序列。

（5）努力创造条件，使教师晋升与取得相应层级职教师资培训证书挂钩。

（6）只有取得低一级职教师资培训证书的教师才有资格申请参加高一级职教师资的培训。

（7）职教教师培训实行学分制，每20学时记为1学分。

（8）各阶段培训包的培训内容、培训方式、考核办法等由相应专业专家研究、论证、制定，并经人事管理部门、教育行政主管部门审核认定。

（9）教师培训方案的开发制定应在职业学校教师专业化理论指导下，借鉴发达国家经验以及总结我们自己成功经验的基础上完成。

（10）教师培训应学校教学与企业实践相结合，培训过程的教学要注意成人学习和职教师资发展需要的特点和规律，强调理论与实践相结合。

附件

会计典型职业活动分析表

序号：1　　　　典型职业活动名称：企业创立

要点	分析
典型职业活动描述	在明确《公司登记管理条例》等相关规定的基础上，协同企业相关人员办理工商注册、营业执照、刻制印章及备案、企业组织机构代码证；依据《税收征管法》的相关规定，办理国税、地税登记；根据《人民币银行结算账户管理办法》办理开立银行账户；依据统计法规的相关规定，办理统计登记；处理企业创立发生的各项业务。
工作岗位	会计
工作对象	1. 工商登记； 2. 验资注册； 3. 营业执照； 4. 企业印章； 5. 企业组织机构代码证； 6. 银行基本账户； 7. 税务登记； 8. 统计登记； 9. 企业创立发生的各项业务； 10. 会计凭证； 11. 会计账簿。
工具	1.《公司登记管理条例》； 2.《税收征管法》； 3. 金融管理的相关法律规范； 4. 会计法律制度文件； 5.《合同法》； 6. 现代办公设备； 7. 财务税务软件； 8. 书写计算工具； 9. 存档工具。
工作方法	1. 采用咨询、查询、资料检索等方法搜集企业创立信息； 2. 与工商、税务、银行等相关部门沟通联络； 3. 公司创立资料文件的撰写、填制、审核、收集、整理、保管、存档等方法； 4. 能运用现代办公设备和财务税务软件对企业创立行为进行处理； 5. 能进行企业创立期间的会计账务处理。
劳动组织	1. 与股东或委托企业代表沟通，协同办理开业登记事宜； 2. 协同企业人事或行政部门人员到工商行政大厅办理企业创立注册登记； 3. 协助股东寻找法定验资机构，办理验资注册工作； 4. 独立开设银行结算账户，购买结算使用的各种单据； 5. 独立进行会计账务处理； 6. 协同相关部门制定相关企业管理规章制度。
工作要求	1. 深刻理解领会工商、税务、会计、金融、统计等部门关于企业开业登记、验资注册、办理营业执照、刻章备案、办理企业组织机构代码证、开立银行基本账户、办理税务登记、统计登记等事宜的相关制度和办理流程； 2. 明确企业股东和会计、人事、行政等部门的工作职责和工作权限； 3. 严格遵循档案管理制度，建立健全企业创立阶段的各种资料并及时归档保管； 4. 及时整理企业创立时的各项业务资料，准确设置会计核算的会计账户、填制记账凭证、设置和登记账簿； 5. 熟练运用Office办公软件，财务税务软件； 6. 加强各衔接部门的信息沟通、相互协作，注意与相关人员的交流、合作、信息反馈。
职业标准	会计人员从业资格证书 1. 具备会计人员的职业道德； 2. 了解相关的公司法、会计法律法规、税务法律法规、统计法律法规、票据法的有关规定； 3. 能及时接收、整理开业登记的文件资料； 4. 能熟练运用财务软件、办公软件进行会计信息处理； 5. 熟练运用会计核算方法处理企业创立发生的各项业务。

会计典型职业活动分析表

序号：2　　　　典型职业活动名称：财产物资核算与管理

要点	分　析
典型职业活动描述	在明确财产物资核算范围、核算方法的基础上，对固定资产、周转材料、无形资产的购建、使用、摊销、折旧、清查、处置进行账务处理；并对财产物资的预算执行情况进行监督、分析、考核。
工作岗位	财产物资核算员
工作对象	1. 财产物资管理制度； 2. 财产物资预算资料； 3. 财产物资初始台账及固定资产卡片； 4. 财产物资验收、领用、清查的各项原始记录； 5. 会计凭证、账簿。
工具	1. 会计相关法规； 2. 财产物资核算管理制度； 3. 财产物资折旧、摊销相关规定； 4. 会计核算财务软件； 5. 现代办公设备及办公软件； 6. 书写计算、计量用具； 7. 通讯设备及用品； 8. 存档工具。
工作方法	1. 对财产物资的使用进行预算； 2. 财产物资核算资料的填制、审核、传递、收集、整理、分类、装订、保管、存档方法； 3. 采用平均年限法、一次摊销法等对财产物资进行折旧、摊销； 4. 采用实地盘点法等对财产物资进行清查； 5. 财产物资清查后的账务处理方法； 6. 办公设备、财务软件的使用保管方法。
劳动组织	1. 与财产物资使用部门协作完成财产物资购置和处置的预算； 2. 与采购、仓库、财产管理部门沟通，合作完成对财产物资的管理； 3. 独立完成对固定资产、周转材料、无形资产的购建、使用、摊销、折旧、清查、处置的账务处理。
工作要求	1. 深刻理解、领会相关会计法规制度及会计内部核算方法； 2. 明确各级财产物资的核算，管理人员的分工、工作职责、工作权限； 3. 正确选择财产物资成本核算、折旧、摊销的计算方法； 4. 合理运用财产物资的盘存制度及清查方法，对盘存结果进行账务处理； 5. 客观及时地填报、审核、搜集、传递各种财产物资变动的原始凭证； 6. 正确应用财产物资的会计核算方法，准确及时地编制、审核会计凭证； 7. 合理设置财产物资核算的相关账簿，并及时登记、核对账簿资料； 8. 能按照会计档案的管理要求对会计资料进行备案存档； 9. 能熟练使用财务软件、现代办公设备及现代办公软件； 10. 对清查中存在的问题提出合理建议，加强与各衔接部门的信息沟通、相互协作，注意与相关人员的交流、合作、信息反馈； 11. 注意自身修养，强化责任意识、效率意识、质量意识。
职业标准	会计人员从业资格证书 1. 具备会计人员的职业道德； 2. 了解相关的会计法律法规、税务法律法规、统计法律法规、票据法的有关规定； 3. 能及时从相关部门填制、收集各种信息资料； 4. 深刻理解、领会固定资产、周转材料、无形资产的核算范围及计量标准； 5. 能对财产物资进行账务处理，对形成的各种信息资料整理、归档； 6. 财会人员与仓库保管人员、财产物资使用管理人员进行对账，做到账实相符； 7. 能熟练运用财务软件进行会计信息处理。

会计典型职业活动分析表

序号： 3　　　　典型职业活动名称：货币资金核算与管理

要点	分　析
典型职业活动描述	严格执行库存现金、银行存款等货币资金相关的法律法规及管理制度；办理库存现金、银行存款及其他货币资金收支业务；根据实际经济业务填制相应会计凭证，登记库存现金日记账及银行存款日记账；对库存现金、银行存款等货币资金进行清查；对重要票据、印鉴进行安全有效的管理；对货币资金计划执行情况进行分析。
工作岗位	出纳
工作对象	1. 货币资金收付的会计凭证； 2. 现金和银行存款的收付款业务； 3. 现金和银行存款日记账； 4. 货币资金清查资料； 5. 库存现金、有价证券、票据、印章。
工具	1. 会计相关法规制度、银行结算支付办法、票据法； 2. 重要票据、印鉴、保险柜及钥匙； 3. 书写、计算工具； 4. 现代办公设备及办公软件。
工作方法	1. 采用全面审核的方法对货币资金收付业务原始单据进行审核； 2. 采用借贷记账法编制资金收付业务的会计凭证； 3. 采用序时方法登记现金和银行存款日记账； 4. 采用实地盘点法和与银行对账单核对等方法，对货币资金清查盘点； 5. 重要票据、印鉴的保管和使用方法。
劳动组织	1. 协同相关人员制定货币资金预算管理制度及支付管理办法； 2. 独立完成货币资金业务会计凭证的填制、审核； 3. 独立完成现金、银行存款日记账的登记； 4. 与相关人员合作，完成货币资金的清查工作； 5. 与相关人员合作，完成票据及印章的保管工作。
工作要求	1. 认真贯彻执行国家法律法规和财务规章制度，熟知各种收费项目和收费标准、费用开支范围和开支标准，认真把关； 2. 严格遵守《现金管理暂行条例》和《银行结算办法》的有关规定，严控库存现金限额，不许挪用和坐支现金、不许白条抵库、不许编造用途套取现金、不许公款私存，严禁签发空头支票、出租、出借账户； 3. 依据财政部颁布的《内部会计控制规范——货币资金（试行）》及《企业会计准则》的规定和要求，加强货币资金管理，规范财务收支行为； 4. 严格遵守安全制度，加强防患意识，严管现金、空白票据、账册、印章、钥匙； 5. 严格执行企业内部牵制制度、岗位交接制度； 6. 熟练使用常用办公设备及软件，具有良好的沟通和表达能力。
职业标准	会计人员从业资格证书 1. 具备会计人员的职业道德； 2. 了解相关的公司法、会计法律法规、税务法律法规、统计法律法规及票据法的有关规定； 3. 能及时对货币资金业务进行账务处理； 4. 能安全保管票据和印章； 5. 能正确使用规定的方法对货币资金进行清查； 6. 能熟练运用财务软件、办公软件进行会计信息处理。

会计典型职业活动分析表

序号：4　　　　典型职业活动名称：日常费用核算与管理

要点	分　析
典型职业活动描述	在解读执行费用报销管理制度的前提下，对日常发生的费用单据进行审核，以现金、转账等方式支付相关费用；依据报销凭证编制记账凭证；将各项费用分别记入设立的费用明细账中，并进行对账、结账；对企业发生的日常费用进行定期分析，向领导提出建议。
工作岗位	费用核算员
工作对象	1. 日常费用核算会计凭证； 2. 费用账簿； 3. 费用报销人员； 4. 现金； 5. 支票。
工具	1. 会计法规、会计制度、费用报销制度； 2. 点钞机、验钞机、保险柜、支票打印机、电话、传真、计算机等现代办公设备； 3. 计算、书写工具； 4. 现金收、付讫章，银行存款收、付讫章，银行预留印鉴。
工作方法	1. 日常费用业务原始单据的审核、填制方法； 2. 采用借贷记账法编制报销日常费用业务的会计凭证； 3. 按时登记、核对费用账簿； 4. 采用对比分析等方法对日常费用进行预算分析。
劳动组织	1. 协同相关部门执行、修订日常费用管理制度； 2. 与各部门经理、授权分管经理、总经理、财务部主管共同审核、监督费用预算执行情况； 3. 独立对日常费用业务办理报销； 4. 独立对日常费用业务进行账务处理； 5. 定期分析费用执行情况并上报财务主管。
工作要求	1. 深刻理解、领会相关会计法规制度及费用报销管理制度； 2. 合理选择费用定额确定与分配的方法； 3. 准确及时地填报、审核、传递各种费用的原始凭证； 4. 正确编制、审核记账凭证； 5. 准确设置多栏明细账簿，并及时登记、核对账簿资料； 6. 能编制、分析费用开支情况报表，并提出改进意见，及时上报； 7. 能熟练地使用财务软件、现代办公设备及现代办公软件； 8. 熟悉企业费用日常核算与管理的业务流程、相关手续，并按规定实施； 9. 加强各衔接部门的信息沟通、相互协作，注意与相关人员的交流、合作及信息反馈； 10. 遵守现金收支业务的技术操作规范，掌握点钞、识别、鉴定假币的技能。
职业标准	会计人员从业资格证书 1. 具备会计人员的职业道德； 2. 了解相关的会计法律法规、税务法律法规、统计法律法规、票据法、会计基础工作规范、现金管理制度的有关规定； 3. 能及时对日常费用进行账务处理； 4. 对形成的各种信息资料整理、归档； 5. 能用办公软件进行数据汇总； 6. 能熟练运用财务软件进行会计信息处理； 7. 能利用费用核算报表进行分析。

会计典型职业活动分析表

序号：5　　　　典型职业活动名称：商品采购与付款

要点	分　析
典型职业活动描述	根据采购计划制订采购资金计划；对采购资金筹集业务进行账务处理；审核、填制商品采购过程中的原始凭证；根据合同、验货单、发票等办理采购商品货款的结算业务；对商品采购与付款业务进行账务处理。
工作岗位	商品采购付款员
工作对象	1. 采购资金计划； 2. 采购合同、货物验收、购物发票等单据； 3. 采购结算方式； 4. 会计凭证及相关账簿。
工具	1. 票据法、支付结算办法； 2. 商品采购计划、合同； 3. 相关会计核算工具及设备。
工作方法	1. 采用沟通、协作的方法与采购、银行、仓库等部门办理采购业务； 2. 对合同、入库单及发票等采购单据进行全面审核； 3. 采用现金、转账等方式办理商品货款的结算； 4. 用借贷记账法编制采购付款的记账凭证； 5. 及时登记应付账款等账簿。
劳动组织	1. 与采购部门协作完成采购计划的制订； 2. 与银行、收款方沟通，完成货款的结算； 3. 独立完成采购原始凭证的审核、记账凭证的编制； 4. 独立完成相关账簿的登记。
工作要求	1. 深刻理解领会相关会计法规制度、经济合同法及会计内部核算方法； 2. 明确商品采购程序、核算办法； 3. 正确及时地编制、审核商品采购的会计凭证，登记相关的采购账簿； 4. 熟练使用财务软件、办公设备及办公软件； 5. 加强各部门信息沟通、相互协作，加强与相关人员的交流及合作。
职业标准	会计人员从业资格证书 1. 具备会计人员的职业道德； 2. 了解相关的会计法律法规、税务法律法规、统计法律法规、票据法的有关规定； 3. 能及时对采购原始凭证进行审核，并进行准确的账务处理； 4. 能对采购票据进行整理、归档、保管； 5、能用办公软件、财务软件进行会计信息处理。

会计典型职业活动分析表

序号：6　　　　典型职业活动名称：产品生产成本核算与分析

要点	分　析
典型职业活动描述	在认真执行产品生产成本核算管理制度的基础上，确定产品成本的核算对象，设置产品成本及相关生产费用的明细账；接收整理产品生产成本耗用的原始资料，按产品核算对象归集与分配材料、人工等生产费用；归集分配计算在产品和完工产品成本；进行成本考核与分析。
工作岗位	成本会计
工作对象	1. 设置、登记产品成本相关账簿； 2. 收集、审核、整理产品生产成本及生产费用耗费的各项原始记录； 3. 编制产品成本实际耗用的日、月报表； 4. 根据审核后的原始凭证编制审核记账凭证； 5. 计算填制完工产品成本表； 6. 根据成本核算会计资料编制、分析企业内部产品成本报表； 7. 及时打印、保管、存档各种会计文件资料。
工具	1. 会计相关法规及产品成本核算管理制度； 2. 会计核算软件； 3. 现代办公设备及办公软件； 4. 书写、计算用具； 5. 通讯设备及用品； 6. 存档工具。
工作方法	1. 采用定额、计划成本等方法对产品生产成本进行定额管理； 2. 定期对定额的执行情况进行考核、分析； 3. 设置登记产品生产成本及相关生产费用账簿； 4. 成本核算资料的填制、审核、传递、收集、整理、分类、装订、保管和存档方法； 5. 采用品种法等计算产品成本； 6. 采用直接计入或工时比例等方法对产品生产费用进行归集及分配； 7. 用定额法等计算在产品与完工产品成本； 8. 采用绝对指标分析、相对指标分析等方法对成本报表进行分析。
劳动组织	1. 与生产部、生产车间、仓库等各部门之间沟通合作； 2. 在财务部与相关人员之间即互相牵制又相互协作； 3. 独立完成产品生产成本核算工作中部分会计凭证的填制、审核及账簿的设置和登记； 4. 接受、配合上级审计部门对成本核算资料进行审计。
工作要求	1. 深刻理解、领会、执行相关会计法规制度及会计内部核算办法； 2. 合理选择产品成本核算的计算方法及生产费用的归集分配方法； 3. 准确、及时地填报、审核、搜集、传递各种生产费用耗费的原始凭证； 4. 正确应用成本会计核算方法，准确、及时地编制、审核会计凭证； 5. 准确设置产品成本相关账簿，并及时登记、核对账簿资料； 6. 能编制、分析内部成本报表，并提出改进意见，及时上报； 7. 能按照会计档案的管理要求对会计资料进行备案存档； 8. 能熟练地使用财务软件、现代办公设备及现代办公软件； 9. 熟悉企业内部核算的业务流程、生产流程、相关手续，并按规定实施； 10. 加强各衔接部门的信息沟通、相互协作，注意与相关人员的交流、合作及信息反馈。
职业标准	会计人员从业资格证书 1. 具备会计人员的职业道德； 2. 能及时接收、整理、审核产品成本核算的原始凭证； 3. 能准确编制产品生产成本归集分配的记账凭证； 4. 能准确、清晰地登记生产成本及相关生产费用的账簿； 5. 能熟练运用财务软件、办公软件进行会计信息处理； 6. 能利用成本核算报表进行分析。

会计典型职业活动分析表

序号：7　　　　典型职业活动名称：商品销售与收款

要点	分　析
典型职业活动描述	协同销售部制订销售计划；及时、准确地对商品销售业务进行账务处理；配合风险管理部门加强应收款项的管理和监控；采用合理的方法结转商品销售成本。
工作岗位	销售会计和收款员
工作对象	1. 商品销售计划； 2. 商品销售合同； 3. 销售票据； 4. 销售货款； 5. 银行进账单； 6. 商品销售的报表、会计凭证及相关账簿； 7. 账款核对。
工具	1. 会计相关法规；销售与收款内部控制制度、应收款项台账管理制度； 2. 现代办公设备及办公软件、财务软件； 3. 书写、计算用具； 4. 保管货币资金的工具； 5. 存档工具。
工作方法	1. 查阅电话黄页、会刊、报刊和网络等，获取客户信息； 2. 分析客户心理，与相关人员的沟通、联络方法； 3. 销售与收款核算资料的填制、审核、传递、收集、整理、分类、装订、保管及存档方法； 4. 采用加权平均法等方法结转商品销售成本； 5. 采用监控、备案、催收、账龄分析等方法对应收账款进行管理； 6. 采用函证等方法对往来款项进行定期核对； 7. 商品销售的账务处理方法。
劳动组织	1. 与销售、银行、仓库等相关部门沟通，协作完成商品销售及收款工作； 2. 独立完成商品销售业务的账务处理； 3. 与风险管理部门协作完成应收款项的管理和监控工作； 4. 与商品管理部门合作完成商品的保管及销售成本结转工作； 5. 接受、配合审计部门的审计。
工作要求	1. 执行销售核算和管理制度，明确权责分配和职责分工； 2. 准确及时地填报、审核、搜集、传递各种销售环节的原始凭证，如顾客订货单、销售单、发运凭证、销售发票、商品价目表、汇款通知书、贷项通知单等； 3. 正确应用会计核算方法，准确、及时地编制、审核会计凭证； 4. 准确设置销售收款相关账簿； 5. 按客户设置应收账款台账，及时登记并评估每一客户应收账款余额增减变动情况和信用额度使用情况； 6. 与销售部门沟通、配合，控制与销售相关的事项，核实销售订单，确保销售订单符合公司政策； 7. 正确编制管理层要求的管理报表，包括应收账款、应收账龄信息表，有关产品成本和报价数据等； 8. 能按照会计档案的管理要求对会计资料进行备案存档； 9. 能熟练地使用财务软件、现代办公设备及现代办公软件； 10. 加强各衔接部门的信息沟通、相互协作，注意与相关人员的交流、合作、信息反馈。
职业标准	会计人员从业资格证书 1. 具备会计人员的职业道德； 2. 了解相关的会计法律法规、税务法律法规、统计法律法规以及票据法的有关规定； 3. 能及时从相关部门收集各种信息资料并进行整理审核； 4. 能对商品销售业务进行账务处理； 5. 能熟练运用办公、财务软件进行会计信息处理； 6. 能对应收账款账龄信息表进行风险管理； 7. 具有熟练的点钞和假币识别能力，具有较准确的数学运算能力。

会计典型职业活动分析表

序号：8　　典型职业活动名称：商品保管与收发

要点	分　析
典型职业活动描述	协助有关部门作出商品储存决策；建立库存商品明细账；组织验收商品；完成商品日常保管与配送、发出销售商品工作；登记库存商品明细账；进行库存商品清查；作出库存商品周转分析。
工作岗位	仓库保管员、商品记账员
工作对象	1. 商品储存决策方案； 2. 商品明细账； 3. 企业账面所登记的所有商品； 4. 商品在收、发、存中所使用验收单（入库单）、发料单（出库单）、商品盘点表、账存和实存对比表等材料，收、发、存各种原始凭证。
工具	1. 计算、书写用具； 2. 商品计量工具； 3. 商品质量检验工具； 4. 运输工具，如手动托盘车（地牛）。
工作方法	1. 采用趋势分析法等对商品储存进行决策； 2. 商品明细账按品种设户，逐笔或定期汇总登记，逐日或定期计算结存数量，商品进销存卡片账随商品进出逐笔登记，并随时计算结存数量； 3. 验收入库商品，清点发出商品，对商品清查、盘点采用实地盘点法； 4. 商品周转分析采用比较法、比率法、趋势分析法、因素分析法等。
劳动组织	1. 会同采购人员和商品明细核算会计人员作出商品年度储存决策； 2. 会同商品明细核算会计人员设置商品保管明细账； 3. 独立设置、登记商品卡片账，完成验收商品； 4. 独立完成整理、清点、发出商品； 5. 与运输部门合作，完成商品装车、卸车、出库和入库； 6. 与相关部门协作完成商品的清查、盘点以及核对工作； 7. 独立完成对商品储存情况的分析。
工作要求	1. 深刻领会、理解企业岗位责任制中关于仓库保管员的工作职责要求； 2. 严格按照会计核算规则和时间要求开设、登记、结记商品保管明细账； 3. 严格按照企业工作流程规则及时间要求填写保管员工作过程中的各种原始凭证，并按规则传递各种原始凭证； 4. 采用合理方法清查商品； 5. 商品周转分析，月末进行重点分析，季末进行综合分析，年末进行全面分析。
职业标准	会计人员从业资格证书、仓库保管员执业资格证书 1. 具备从事会计工作、仓库保管工作的职业道德； 2. 使用的原始凭证符合会计有关规定； 3. 商品明细账、卡片账符合会计规定标准； 4. 登记账簿、结账等多项技术符合会计工作规范要求； 5. 商品清查的时间、方法符合企业有关工作程序规范的要求； 6. 商品储存的分析满足企业管理的一般需要。

会计典型职业活动分析表

序号：9　　　　典型职业活动名称：职工薪酬的核算

要点	分　析
典型职业活动描述	根据相关部门提供的有关原始资料计算应付职工薪酬；编制职工薪酬明细表和汇总表；分配、发放职工薪酬；计提住房公积金；计提医疗、养老、失业、工伤、生育等社会保险费及职工教育经费和工会经费；办理社会保险、个人所得税的代扣代缴等业务。
工作岗位	职工薪酬核算岗、职工社会保险办理岗、人力资源管理岗
工作对象	1. 工资核算管理制度； 2. 职工考勤情况表和职工完成本职工作的情况表； 3. 工资结算汇总表； 4. 会计凭证； 5. 会计账簿； 6. 职工薪酬计算表； 7. 社会保险及公积金计算表。
工具	1. 会计相关法规； 2. 工资核算管理制度； 3. 工资核算软件和财务核算软件； 4. 现代办公设备； 5. 书写、计算用具；
工作方法	1. 审核职工薪酬原始单据； 2. 应用现代办公设备和工资核算软件核算职工薪酬； 3. 编制应付职工薪酬的明细表和汇总表； 4. 办理发放职工薪酬业务； 5. 社会保险的计算、缴纳方法； 6. 职工薪酬核算的账务处理方法。
劳动组织	1. 与人力资源部门协作完成社会保险的计算及应付职工薪酬的计算； 2. 与社保中心和住房公积金管理部门合作完成社会保险及住房公积金的缴存业务； 3. 与出纳合作完成职工薪酬发放业务； 4. 独立完成职工薪酬业务的账务处理。
工作要求	1. 深刻理解、领会职工薪酬管理制度及企业内部职工薪酬核算办法； 2. 明确职工薪酬核算人员、考勤统计人员、产量记录人员的工作职责和工作权限； 3. 严格考勤、工时及产量记录制度； 4. 准确及时地计算应付职工薪酬和按规定标准计算各种代扣款项； 5. 准确设置职工薪酬核算的会计账户并填制记账凭证； 6. 熟练运用并操作职工薪酬核算软件及Office办公软件； 7. 正确编制职工薪酬明细表及汇总表并进行账务处理； 8. 加强各衔接部门的信息沟通、相互协作，注意与相关人员的交流、合作、信息反馈。
职业标准	会计人员从业资格证书 1. 具备会计人员的职业道德； 2. 了解相关的会计法律法规、税务法律法规、统计法律法规、票据法的有关规定； 3. 能及时从相关部门获取职工薪酬计算的信息； 4. 能对职工薪酬业务进行账务处理； 5. 能熟练运用办公、财务软件进行会计信息处理； 6. 能及时上缴社会保险及住房公积金。

会计典型职业活动分析表

序号：10　　　　典型职业活动名称：税费计算与缴纳

要点	分析
典型职业活动描述	按照国家税收法律、行政法规以及与纳税程序有关的管理制度，依法计算、申报、缴纳税款；编制有关的税务报表及分析报告；完成涉税业务的会计凭证编制、账簿登记、文件报送等工作。
工作岗位	税务会计、办税员
工作对象	1. 税种、税率和纳税期限； 2. 发票； 3. 计税依据、纳税调整； 4. “税费计算表”，“纳税申报表”，相关税费的会计凭证、账簿以及报表。
工具	1. “税务登记证”、财务印鉴（印模）、“发票领购簿”、“发票使用登记簿”； 2. 税收法律、行政规章； 3. 现代办公设备及办公软件、网上报税所需通讯设备及软件。
工作方法	1. 纳税申报时，以财务会计核算资料为基础，对会计资料作出相应的调整，使之符合税法的要求； 2. 根据各税种的征税对象、征税范围、税率等规定，依据税收相关政策，依法确认、计算各项应缴税额，正确完成相关账务处理； 3. 依照税务部门的相关规定和程序，进行发票领购使用、税款的申报和缴纳。
劳动组织	1. 协助部门主管领导完善办税规章制度、岗位职责； 2. 在企业财务部门与其他岗位会计人员沟通、合作，取得计税原始资料，完成税款缴纳； 3. 与企业销售部门协作完成发票开具工作； 4. 与税务、银行沟通配合，完成纳税申报、审核及税款缴纳。
工作要求	1. 遵守国家有关法律法规的要求，及时了解掌握国家、地方的财税政策； 2. 熟悉税法，严格依据税收法规，准确计算应纳税款并及时足额地缴纳； 3. 在进行业务处理时，必须遵循会计核算的基本原则和核算方法，正确地进行会计处理，向有关各方提供有用的纳税信息，保证企业足额、及时地缴纳税款； 4. 应对本企业纳税基本程序有充分了解，能够按照规定办理各种发票、备查簿等票证的领取、缴销，正确进行纳税申报等税务相关事项； 5. 熟练使用常用办公设备及软件，熟悉上网操作流程； 6. 具备良好的与人沟通能力，具有合作、互助精神。
职业标准	会计人员从业资格证书 1. 具备会计人员的职业道德； 2. 了解相关的会计法律法规、税务法律法规、统计法律法规、票据法的有关规定； 3. 能及时从相关部门获取税费计算的信息； 4. 能对企业上缴的税费进行账务处理； 5. 能熟练运用办公、财务软件进行会计信息处理； 6. 能及时计算申报缴纳税费。

会计典型职业活动分析表

序号：11　　　　典型职业活动名称：总账登记及财务报表的编报

要点	分析
典型职业活动描述	严格遵守会计法律法规制度；熟悉会计核算组织程序；根据科目汇总表登记总分类账并结账；核算利润及利润分配；根据相关资料编制资产负债表、利润表、所有者权益变动表；按要求报送财务报表；计算财务报表的分析指标，并对财务报表进行分析。
工作岗位	总账登记及财务报告编报
工作对象	1. 月末结转业务会计凭证； 2. 账簿资料； 3. 财务报告； 4. 财务报表分析指标。
工具	1. 会计核算软件； 2. 现代办公设备及办公软件； 3. 书写、计算用具； 4. 通讯设备及用品； 5. 存档工具。
工作方法	1. 设置、启用、登记总分类账； 2. 进行期末转账业务的处理； 3. 采用资料收集、汇总计算的方法，客观、准确地按期编制财务报告； 4. 采用对比、趋势、动态等分析方法对财务报表进行分析。
劳动组织	1. 与企业管理各部门沟通合作； 2. 在财务部与相关会计人员之间相互牵制、协作，完成凭证传递、审核及账簿核对工作； 3. 独立完成部分会计凭证的填制、审核及总分类账的账簿设置、登记工作； 4. 接受、配合上级审计部门对会计资料的审计工作。
工作要求	1. 深刻理解、正确领会并严格执行相关财务会计制度及单位内部会计制度规定； 2. 准确设置、启用账簿，正确登记总账； 3. 了解会计人员工作交接方法及手续办理； 4. 会对错误登账进行正确更正，会对账和结账； 5. 搜集编制报表所需会计资料，正确编制财务报告； 6. 了解财务报表所需相关人员的签字或盖章手续、财务报告的报送时间和报送部门的规定； 7. 能对财务报告进行简单财务指标计算与分析； 8. 熟悉单位财务工作基本业务流程及相关手续； 9. 能熟练使用现代办公设备和财务软件； 10. 办事客观、严谨、认真、遵纪守法、不拖沓，有较高责任意识、效率意识和服务意识。
职业标准	会计人员从业资格证书 1. 具备会计人员的职业道德； 2. 了解相关的会计法律法规、税务法律法规、统计法律法规、票据法的有关规定； 3. 正确地编制、审核月末结转业务会计凭证； 4. 能准确、清晰地登记总分类账簿； 6. 能熟练运用财务软件、办公软件进行结账业务的会计信息处理； 7. 准确编制、报送会计报告，并能利用所编报表数字进行基本财务指标计算与分析。

会计典型职业活动分析表

序号：12　　　　典型职业活动名称：企业信息统计与分析

要点	分　析
典型职业活动描述	收集企业相关信息资料，并对信息资料进行分类整理、汇总；根据整理的信息资料登记统计台账；编制、报送统计报表；根据企业的实际情况进行初步的统计分析。
工作岗位	统计
工作对象	1. 统计信息； 2. 统计台账； 3. 统计指标； 4. 统计日报表； 5. 统计报表。
工具	1. 统计法规，企业内部规章； 2. 书写、计算工具； 3. 现代办公设备。
工作方法	1. 采用筛选、计算、传递等方法收集整理统计资料，并按要求进行保管及存档； 2. 登记统计台账； 3. 用汇总等方法编制统计报表并按要求报送； 4. 用静态分析、动态分析、趋势分析等方法计算、分析统计指标。
劳动组织	1. 与业务、仓储、会计等相关部门进行沟通，合作完成统计相关资料的收集工作； 2. 独立完成统计信息的整理、登记、统计工作； 3. 与企业管理部门协作，对统计信息进行计算分析； 4. 独立完成统计报表的编制工作； 5. 与相关部门完成统计报表的报送工作。
工作要求	1. 深刻理解、领会相关统计法规制度及企业内部要求； 2. 正确理解统计指标的含义； 3. 明确统计人员的工作职责、工作权限； 4. 合理选择统计方法，开展统计工作； 5. 能够准确、及时、全面、系统地搜集和整理基本统计资料； 6. 能够准确登记统计台账、正确计算统计指标、正确编制统计报表； 7. 能够及时、准确地报送统计报表； 8. 充分利用统计资料进行综合分析； 9. 具备与其他部门人员的团结协作、有效沟通的能力； 10. 提高统计人员的自身修养，加强责任意识、效率意识及管理意识。
职业标准	会计人员从业资格证书 1. 具备会计及统计从业人员的职业道德； 2. 了解相关的统计、税务法律法规及规章制度； 3. 能够及时从业务部门及财务部门搜集相关统计信息； 4. 能对形成的资料选择适当的方法进行整理计算； 5. 对形成的各种统计信息资料进行及时报送及归档； 6. 能够熟练应用网络及办公软件； 7. 能够利用统计信息进行基本分析。

会计专业教师培训质量评价体系

子项目负责人：

杨　洁　东北财经大学职业技术学院　教授

项目组成员：

张桂春　辽宁师范大学教育学院院长、教授、博士生导师
高红梅　辽宁教育研究院职业教育研究所高级研究员
刘兴革　哈尔滨商业大学职业技术学院院长、副教授
腾国胜　大连交通运输集团财务部经理、高级会计师
李高峰　黑龙江省财政厅会计处处长、高级会计师
赵合喜　东北财经大学实验教学中心副主任、副教授
姜　洁　东北财经大学职业技术学院副教授、资产评估师
刘　欣　黑龙江商务学校教研室主任、高级讲师
邱社军　陕西省商业学校商贸主任、高级讲师
张艳英　东北财经大学职业技术学院副教授
马忠明　东北财经大学研究生院

执　　笔：

王　觉　东北财经大学职业技术学院副院长　教授
周晓娟　辽宁省盘锦职业技术学院　会计系　副主任　副教授
刘　欣　黑龙江商务学校教研室主任、高级讲师
邱社军　陕西省商业学校商贸主任、高级讲师
梁浩彤　广州财经学校　高级讲师
顾　竞　湖南财政学校　高级讲师
马忠明　东北财经大学研究生院

中等职业学校会计专业教师培训质量评价指标体系

教师培训工作是教师队伍建设的重要组成部分。教师培训工作的目标是促进教师成长，教师培训工作的经验是在不断学习、探索与创造中形成的。不论培训内容和形式如何，实施教师培训都是促进教师成长的一种载体。提高教师培训效果是评价教培机构的重要指标，也是教育科研的重要课题，对中职学校的发展、教师专业成长，促进会计教育的发展有着重要的意义。建立中等职业学校专业教师培训质量评价指标体系，旨在促进实施中等职业学校专业教师培训工作的高等职业院校工作水平的稳定与提高，促进实施中等职业学校专业教师培训工作的高等职业院校加强内涵建设，深化校企合作、工学结合人才培养模式的改革，加强教学基本建设和规范管理，不断提高对中职师资人才培养的质量，为中等职业教育的发展提供人才保障。

培训质量评价是指教师通过培训是否达到教育观念的转变，课程改革意识的增强，现代化教育技术运用能力的提高；教师在教学实践中理论联系实际，有效提高驾驭课堂教学能力；教师所在的中职学校的领导和其他教师是否认为该教师参加培训后发生了积极的变化以及发生了哪些变化。培训质量评价体系制定的目标是针对在职教师培训需求的评价和培训效果的评价，通过不同形式、途径的培训以及评价的制定，必须以会计教育发展为导向，以培训教学质量、培训教学资源、培训教学效果为核心，建立不同类型、不同层次的培训和评价模式，注重培训过程评价与培训成果评价相结合，建立会计专业教师培训评价的有效机制，促进会计教育的迅速发展，促进会计专业教师队伍整体素质的提升，提高在职教师培训的质量与效果。基于以上考虑，我们设计和确定了这份适用于对中职会计专业教师培训质量评价指标的体系草案。该体系共包括四个一级指标 29 个二级指标。

一、评价体系主要内容

1. 培训方案。在总的分数值中占20分。下属6个二级指标：（1）培训需求调研情况；（2）与教师专业能力标准关系；（3）培训目标定位准确；（4）培训模式先进、方法实用；（5）培训内容与培训目标吻合；（6）考核内容准确、方法科学。

2. 培训条件。在总的分数值中占25分。下属5个二级指标：（1）培训师资素质；（2）培训师资结构科学；（3）校内教学设施；（4）实训实习条件；（5）生活保障和服务设施。

3. 培训管理。在总的分数值中占15分。下属7个二级指标：（1）管理队伍专业化程度；（2）培训管理制度完善与落实；（3）培训方案的执行；（4）培训质量监控情况；（5）培训工作的计划与总结；（6）培训档案管理；（7）培训反馈制度。

4. 培训效果。在总的分数值中占40分。下属11个二级指标：（1）培训目标的达成度；（2）考试成绩及格率；（3）考试成绩分布状况；（4）学员作业情况；（5）培训学员取证率；（6）企业评价；（7）学员自我评价；（8）培训管理评价；（9）学员满意度；（10）选送单位满意度；（11）培训创新。

二、评价体系的具体计算方法

1. 评价重点内容在充分界定二级评价指标内涵的基础上要突出评价的要点。

2. 每个指标的评价等级按照优劣顺序分A、B、C、D四个级别，评价标准只列出A、C两个等级的标准，介于A、C之间的为B级，低于C级的为D等级。

3. 评价等级A为5分，B为4分，C为3分，D为2分。

4. 评价指标权重根据评价指标对培训质量影响的重要程度确定，权重与评价等级的分数相乘即为各个指标的评价得分。四个一级指标得分总和或所有二级指标得分总和不能大于100分。培训指标得分具体计算方法如下：

（1）某重点内容评价得分＝该重点内容评价等级得分×该重点内容权重

（2）某二级指标评价得分＝该级指标各重点内容评价得分之和

＝∑（该级指标某重点内容评价等级得分×该重点内容权重）

（3）某一级指标得分＝该指标中二级指标评价得分之和

（4）培训质量评价指标总得分＝全部一级指标得分之和

＝全部二级指标评价得分之和

＝∑（某评价重点内容评价等级得分×该重点内容权重）

上岗培训、提高培训和骨干培训一般采用同一评价表，必要时可以建立三个培训层级的评价指标体系。

三、培训质量评价结果

1. 本评价指标体系得分可以与网络评价系统（如专业骨干教师国家级培训网络评价系统 http：//zzgp. tute. edu. cn）结合使用，采用 3:7 的权重比例计算评价得分。

2. 评价结果分为优秀（90 分以上）、良好（80～90 分）、合格（70～80 分）、不合格（70 分以下）四个等级的分数区域。

每个指标的评价标准见表 1 至表 4。

表 1　　会计专业教师培训质量评价表 1

一级指标	二级指标	评价重点内容	评价标准		评价方法	评价等级				权重	得分
			A	C		A 5	B 4	C 3	D 2		
培训方案 20%	培训需求调研情况	①调研计划 ②调研范围 ③调研报告 ④调研成果 ⑤成果应用	• 有详细的调研过程和报告，调研结论充分应用	• 对培训内容征求学员意见并采用	查资料，开座谈会					4%	
	与教师专业能力标准关系	①对教师会计实践能力的培养 ②对教师会计教学能力的培养	• 能够同时满足对教师会计实践能力和会计教学能力的满足	• 只能满足对教师部分能力的培养	查资料，开座谈会					3%	
	培训目标定位准确	①是否符合会计职业教育的特点，是否符合实际的会计职业和职业规章 ②是否能够培养三类教师的基本教学技能 ③是否能够让教师掌握基本教学方法，并能够应用基本的教学媒体 ④是否能培养教师基本的操作技能	• 培训目标定位完全准确 • 了解会计职业教育的特点，了解实际的会计职业和职业规章 • 掌握基本教学技能，能够独立完成特定教学内容的教学，能基本把握课堂的节奏，独立应对课堂中出现的突发状况 • 了解基本教学方法 • 掌握一到两种教学方法实施教学，能够应用基本的教学媒体 • 培养基本的操作技能	• 培训目标定位基本准确 • 能够根据每期的培训任务要求，制定有基本的教学实施方案 • 有关教材、实训指导书选用基本合理 • 教学大纲、教学项目和计划基本齐全、完整	查资料，开座谈会					4%	

续表

一级指标	二级指标	评价重点内容	评价标准		评价方法	评价等级				权重	得分
			A	C		A 5	B 4	C 3	D 2		
培训方案 20%	培训模式先进、方法实用	①校企专家联合教学 ②教学方法 ③能否充分调动学员的学习积极性 ④多媒体的利用率 ⑤企业实训的反馈信息状况	• 有校企专家联合教学，教学方法丰富、科学 • 有健全完善的有关培训方案，在有关技能、实践能力培训等方面，有可靠的校内培训基地和校外培训基地，多方式办学 • 能满足多个班次的实训需要	• 教学方法科学、种类较为丰富 • 有关于教学组织形式的要求与相应的文件资料 • 有校内培训实训基地并能满足一个班次的实训需要	查资料，深入实地调查，开学员座谈会					3%	
	培训内容与培训目标吻合	①会计专业课程的开发设计状况 ②授课计划的安排 ③教学过程的实施状况 ④教学评价 ⑤教学指导情况 ⑥教学研究情况 ⑦教学改革情况 ⑧专业建设情况	• 开设了会计核算实务的实践课程、财务成本管理的实践课程以及咨询鉴证业务的实践课程 • 制订了科学的授课计划，培训内容有：设计教案、教学准备、实施教学、教学评价、教学指导、教学研究、教学改革和专业建设等内容 • 与实践有比较密切联系	• 与培训目标基本吻合 • 开设了会计核算实务的实践课程、财务成本管理的实践课程以及咨询鉴证业务的实践课程 • 模块设计与组合方案 • 预定的培训方案具有比较可靠的可行性	查资料，开座谈会					3%	
	考核内容准确、方法科学	①考核内容是否符合培训目标 ②考核范围 ③考核内容难易程度 ④考核方法种类 ⑤考核评价体系	• 考核内容符合培训目标 • 考核范围能够覆盖培训内容 • 考核内容难易程度适当； • 考核方法种类丰富 • 考核评价体系设计科学	• 对受训教师有基本的登记资料，包括培训前后专业理论与技能能力及相关的考核档案	查资料，开学员座谈会					5%	
	小　计										

表 2　　会计专业教师培训质量评价表 2

一级指标	二级指标	评价重点内容	评价标准		评价方法	评价等级				权重	得分
			A	C		A 5	B 4	C 3	D 2		
培训条件 25%	培训师资素质	①教师的品德 ②学历层次 ③双师证资格 ④会计实际工作经验 ⑤教学经验 ⑥科研能力	• 专任教师全部具有双师资格证 • 实习指导教师有五年以上本专业的实践经验 • 从行业、企业聘请技术能手，承担实践技能课程的比例 50% 以上，并注重对他们教学能力的培训 • 培训教师能主持设计“教、学、做”为一体的情境教学方法 • 教学手段灵活多样，能有效应用现代信息技术进行模拟教学	• 专任教师中，具有双师资格证的占 50% 以上 • 实习指导教师有三年以上本专业的实践经验 • 能运用多媒体进行辅助教学的教师、及能主持公开课和观摩课	查资料，开教师座谈会					5%	
	培训师资结构科学	①理论教师和实践教师搭配是否合理 ②师资队伍学缘结构是否合理 ③年龄分布是否合理 ④专业分布是否合理	• 专任教师中，实践教师和理论教师应各占 50% • 教师应来自于不同的毕业院校 • 年龄结构分布合理，其中，中年教师占 50% ~70% • 要有教育学专业的指导教师	• 专任教师中，实践教师占教师总数的 30% • 教师年龄结构分布合理，其中，中年教师要占 50%	查资料，开座谈会					5%	
	校内教学设施	①培训教室 ②教室的多媒体设备 ③实验室资源 ④网络资源 ⑤图书馆资源	• 校内能为培训教师配置带有多媒体等教学设备的专用教室 • 校内设有实习基地，管理人员、指导教师和完善的实习管理制度，设备完好率 95% 以上，能按照教学大纲的基本要求开出实验 • 实验开出率不低于 90% • 校内有图书室、阅览室、电子阅览室、体育运动场地及体育设施和器材，可同时满足一个班次以上需要	• 校内能为培训教师配置固定教室 • 校内实习基地设施齐全，资料完整，能满足专业技能训练及一个教学班（或 1/2 个教学班轮流）实习所需 • 校内的其他功能设施能满足一个教学班（或 1/2 个教学班轮流）活动所需	实地调查、开座谈会					5%	

续表

一级指标	二级指标	评价重点内容	评价标准 A	评价标准 C	评价方法	A 5	B 4	C 3	D 2	权重	得分
	实训实习条件	①对口的校企联合实训基地 ②实训基地，实训资源 ③专职的实训指导教师	• 校外实习基地类型在五类以上 • 签订有合作协议的基地数量应在所设校外基地数量的80%以上，能同时满足两个班次的实习实训需要	• 校外实习基地类型在两类以上 • 签订有合作协议的基地数量应占所设校外基地数量的50%以上，能同时满足两个班次的实习实训需要	实地调查、开座谈会					5%	
培训条件25%	生活保障和服务设施	①培训招待所 ②专用食堂 ④交通状况 ⑤服务人员的综合素质 ⑥超市服务水平 ⑦附近医院	• 有专门的招待所和受训教师的生活服务管理人员，交通便利，有超市和医院，有丰富的课余生活，受训学员满意度在95%以上 • 伙食管理好，饭菜卫生，价格合理，受训学员满意度在80%以上 • 居住环境安全、整洁有序 • 宿舍内务、秩序好，积极开展文明宿舍创建，受训学员满意度在95%以上	• 能为学员的日常生活需要提供帮助与指导，受训学员满意度在85%以上 • 伙食管理好，饭菜卫生，价格合理，受训学员满意度在60%以上 • 宿舍安全、整洁有序，宿舍内务、秩序好，受训学员满意度在85%以上	实地调查、开座谈会					5%	
	小计										

表3　　会计专业教师培训质量评价表3

一级指标	二级指标	评价重点内容	评价标准 A	评价标准 C	评价方法	A 5	B 4	C 3	D 2	权重	得分
培训管理15%	管理队伍专业化程度	①管理队伍的专业情况和相关的学历状况 ②管理人员的教学体验 ③管理人员的教务工作经验	• 管理队伍的拥有会计专业、教育专业以及管理专业相关的学历 • 有教学体验，有丰富教务工作经验和学生管理经验	• 管理队伍的拥有会计专业、教育专业以及管理专业相关的学历 • 有管理经验	查资料、开座谈会					3%	

续表

一级指标	二级指标	评价重点内容	评价标准 A	评价标准 C	评价方法	评价等级 A 5	B 4	C 3	D 2	权重	得分
培训管理15%	培训管理制度完善与落实	①培训工作计划 ②培训工作的岗位分工安排 ③岗位职责 ④岗位考勤制度 ⑤培训管理档案 ⑥培训反馈制度 ⑦培训质量监控制度 ⑧管理制度的落实情况	• 有培训工作计划 • 有培训工作的岗位分工安排 • 有明确的岗位职责 • 有严格的岗位考勤制度 • 有规范的培训管理档案 • 有培训反馈制度 • 有培训质量监控制度 • 所有的制度都能落实，有文件记载	培训管理机构较健全，有健全的管理制度，培训管理流程规范、岗位职责明确，能保证正常教学工作和教学研究需要	查资料					2%	
	培训方案的执行	①培训方案实施过程记录 ②培训方案实施进度与培训计划的吻合度 ③培训方案实施的总结报告	• 有培训方案实施过程记录 • 培训方案实施进度与培训计划一致 • 有每个培训方案实施总结报告	• 有培训方案实施过程记录 • 培训方案实施进度与培训计划一致	查资料					2%	
	培训质量监控情况	①听课制度 ②学员对授课教师的打分记录 ③考试制度 ④学员成绩档案 ⑤学员实习考勤记录 ⑥专职班主任 ⑦学员试讲成绩单	• 有严格的听课制度 • 有学员对授课教师的打分记录 • 有严格的考试制度 • 有详细的学员成绩档案 • 有详细的学员实习考勤记录 • 有专职的班主任 • 有详细的学员试讲成绩单	• 有严格的听课制度 • 有学员对授课教师的打分记录 • 有严格的考试制度 • 有详细的学员成绩档案	查资料，随机检查、学员座谈					2%	
	培训工作的计划与总结	①培训工作计划 ②计划的可行性 ③计划实施情况的总结报告 ④总结报告的详实状况	• 有符合国家教育部的培训工作计划 • 计划合理、科学、可行 • 有每个计划的实施情况的总结报告 • 总结报告详实	• 有符合国家教育部的培训工作计划 • 计划合理、科学、可行	查资料					2%	

续表

一级指标	二级指标	评价重点内容	评价标准		评价方法	评价等级				权重	得分
			A	C		A 5	B 4	C 3	D 2		
培训管理15%	培训档案管理	①专职的培训档案管理人员 ②档案管理水平 ③培训档案的查看制度	• 有专职的培训档案管理人员 • 档案建设科学、规范 • 有严格的培训档案的查看制度	• 有培训档案的管理人员；档案建设基本规范 • 有培训档案的查看制度	查资料、实地检查					2%	
	培训反馈制度	①实习基地对学员的工作鉴定表 ②委托单位对学员回单位后的业绩评价表 ③培训学员对培训工作的意见表和建议书 ④企业对培训工作的打分表	• 有实习基地对学员的工作鉴定表 • 有委托单位对学员回单位后的业绩评价表 • 有培训学员对培训工作的意见表和建议书 • 有企业对培训工作的打分表	• 有实习基地对学员的工作鉴定表 • 有委托单位对学员回单位后的业绩评价表	查资料、实地抽查					2%	
	小计										

表4　　会计专业教师培训质量评价表4

一级指标	二级指标	评价重点内容	评价标准		评价方法	评价等级				权重	得分
			A	C		A 5	B 4	C 3	D 2		
培训效果40%	培训目标的达成度	①考试成绩及格率 ②考试成绩分步状况 ③学员作业完成质量 ④培训学员取证率 ⑤企业评价 ⑥学员自我评价 ⑦培训管理评价 ⑧学员满意度 ⑨选送单位满意度 ⑩培训创新意识	• 考试成绩及格率较高，达到100% • 考试成绩分步状况合理 • 学员作业完成质量高 • 培训学员取证率高，达到100% • 企业评价高 • 学员自我评价客观 • 培训管理评价客观 • 学员满意度高 • 选送单位满意度高 • 培训创新意识强	• 考试成绩及格率较高，达到80%以上 • 考试成绩分步状况基本合理 • 学员作业基本完成 • 培训学员取证率达到95%	查资料、实地抽查					10%	
	考试成绩及格率	考试成绩及格率	• 考试成绩及格率应达到100%	• 考试成绩及格率应达到90%	查资料					3%	
	考试成绩分步状况	成绩分布状况	• 成绩较高，及格至优良的人数要占80%，优秀率达到20%	• 及格至优良的人数要占90% • 优秀率达到5% • 不及格率要低于5%	查资料、实地抽查					3%	

续表

一级指标	二级指标	评价重点内容	评价标准		评价方法	评价等级				权重	得分
			A	C		A 5	B 4	C 3	D 2		
培训效果40%	学员作业情况	①作业完成率 ②作业批改率 ③作业内容	• 作业完成率达到100% • 作业批改率达到80% • 作业内容精辟	• 作业完成率达到70% • 作业批改率达到50% • 作业内容比较科学	查资料、实地抽查					3%	
	培训学员取证率	学员取证率	• 学员取证率要达到100%。	• 学员取证率要达到95%以上	查资料					3%	
	企业评价	企业的评价结果	• 企业的评价分数不低于95分	• 企业的评价分数不低于85分	查资料					3%	
	学员自我评价	学员的自我评价结果	• 学员的自我评价客观公正，内容翔实	• 有学员的自我评价	查资料					3%	
	培训管理评价	学员对培训管理工作的评价结果	• 学员对培训管理工作的评价客观、公正	• 有学员对培训管理工作的评价	查资料					3%	
	学员满意度	学员队培训工作的打分情况	• 学员队培训工作的打分不低于95分	• 学员队培训工作的打分不低于85分	查资料					3%	
	选送单位满意度	选送单位的满意度	• 选送单位的满意度高，分数超过95分	• 选送单位的满意度高，分数超过80分	查资料					3%	
	培训创新	①培训内容 ②培训形式 ③培训趣味性，学员参与积极性	• 培训内容前沿 • 培训形式新颖 • 培训趣味性高，学员参与积极性高	• 培训内容与时俱进 • 培训形式新颖 • 学员基本满意	座谈会					3%	
	小计										